VIAJE HACIA TU INTERIOR

Por los caminos del alma

Hilda Collantes

Publicado por Ibukku
www.ibukku.com
Diseño y maquetación: Índigo Estudio Gráfico
Copyright © 2019 Hilda Collantes
ISBN Paperback: 978-1-64086-452-8
ISBN eBook: 978-1-64086-453-5

ÍNDICE

Introducción

Desde que inicié este libro ha tenido varios títulos:

1. Lo esencial
2. Mirada interior
3. Conexiones
4. Viaje hacia tu interior

Ahora me encuentro en *viaje hacia tu interior*, y tomé la decisión de que ese va a ser el título definitivo de mi libro. Lo cierto es que en este proceso todos los nombres señalados tienen sentido.

Decidí escribir este viaje, contarlo como único, como una experiencia incomparable. En ella se manifiesta una gran vivencia.

Citaré solo si lo veo conveniente, estoy segura de que muchas cosas que he vivido ya se han escrito o visualizado por otros autores y otros seres con vivencias parecidas, me perdonarán si no los menciono, ya que los relatos y las vivencias para mí siempre se alimentarán de toda la información que existe en esta tierra, así como en el universo, también de lo que percibimos o intuimos que puede ser una verdad, una verdad universal que, como ley, guía nuestro camino para conectarse con fuerzas superiores, de las cuales somos parte aquí en la tierra como en el cielo. Así que somos autores de lo que percibimos, tomamos y lo hacemos nuestro.

Soy una artista, fui actriz de teatro, un teatro no convencional, un teatro de creación en equipo; se creaban las escenas y se escribían los libretos. Por allá en los años 1970 se expresaba una corriente muy fuerte de creación literaria propia, en ese entonces las obras que se representaban eran de autores extranjeros reconocidos mundialmente, maestros de obras literarias y libretos teatrales. Estos autores habían ingresado a nuestra sociedad como medio de expresión y aprendizaje. Aunque sus obras tocaran temas de sentimientos universales, los cuales no tenían fronteras, ellos seguían siendo extranjeros, el lenguaje y el contexto en el que sus historias se desarrollaban eran de otros países, por lo que no reflejaban nuestra realidad. Cada país tiene su propio lenguaje y sus problemas específicos, diríamos únicos.

El proceso de las creaciones propias se vivió muy parecido en todos los países de Latinoamérica, gracias a eso surgieron grandes cantautores de la música latinoamericana, representantes de creaciones teatrales, y nuevos autores.

Por el teatro conocí lo que es un proceso creativo y sus etapas para llegar a ello como actriz y como profesora, a lo cual me dediqué posteriormente, desarrollé un método para que los seres humanos de cualquier edad interesados se puedan expresar e ingresen a la magia de la creación. En esa época me planteé como premisa "El teatro es una posibilidad artística para todos", pues se creía que era solo para algunos superdotados. En el caso de los niños mi premisa fue "El niño que se reconoce así mismo jamás será el reflejo de los demás".

Pienso que haber vivido esa experiencia artística me abrió la mente, me preparó para transmitir lo que estoy viviendo ahora: el desarrollo espiritual y la autosanación son experiencias para todos los seres humanos que deseén evolucionar internamente.

Agradecimientos

Agradezco a mi padre, una persona poco común, con tal magnetismo y energía en sus manos que con colocarlas a veinte centímetros de cualquier animal este se dormía instantáneamente. Él, mi padre, en vida me trasmitió lo importante que es la fuerza de voluntad y la consciencia en los seres humanos, haciendo que yo percibiera mi cuerpo más allá que un tic-tac, una bomba de aire y un sistema digestivo, es decir, una posibilidad interior infinita para recorrer y conocer.

Agradezco infinitamente a toda mi familia, en particular a mis hijas, que con su fuerza y claridad me animaron a seguir adelante, teniendo más fe en mí que yo misma.

Dedico este libro a todo aquel que tenga una vivencia fuera de lo común y que no se atreva a manifestarla, para que siga adelante reforzando la fe en si mismo. El mundo necesita abrir puertas, salidas nuevas, soluciones profundas.

También lo dedico a mis futuros lectores, como agradecimiento a la decisión de leerlo y abrir su mente a esta experiencia.

El viaje en mi historia

Con el tiempo me convertí en una sanadora espiritual y energética a distancia.

Cuando decidí escribir mis experiencias fue porque me di cuenta de que claramente hay dos dimensiones, dos espacios, dos mundos: el espacio de nuestro mundo y la otra dimensión a la que llamamos espacio divino. Ambas tienen lenguajes totalmente distintos, otros códigos, otras formas de conectarse, otras formas de sentir. El espacio divino es lo que transciende más allá de lo que ves, es la dimensión que te permite conectarte desde tu ángulo superior con seres superiores que habitan en el universo y que están dispuestos a ayudarte. Es sorprendente cuando aceptas que eres un ser que puede alcanzar un desarrollo semejante, superior, e interactuar con ellos, recibir información valiosa y mucha orientación.

En un primer momento, me resultaba difícil estar conectada con los dos mundos, me sumergía en el espacio divino y me iba, me desconectaba del espacio aquí en la tierra. Me preguntaba cómo vivir en ambos sin cometer errores en uno u en otro.

Para mí no cabía duda de que estaba permanentemente interactuando en dos dimensiones, había momentos en los que me sumergía en la dimensión del espíritu y al regresar al espacio de la materia recordaba por unos minutos lo que había percibido y recibido como información, pero al día siguiente, si me preguntaban, no recordaba nada. Decidí que cada vez que sanara iba a escribir lo que pasara, así no lo olvidaría, sabría lo que había hecho y podría entender mejor la información.

Al inicio de todo esto, yo recibía información y tenía que traducirla, pero me era muy difícil porque los lenguajes son distintos, pues me era transmitida a través de imágenes, símbolos, figuras geométricas y también por el pensamiento.

En el proceso estaban siempre presentes mis propios temores, como equivocarme y hacer daño en lugar de curar, pero era más mi fe en que algo así pudiera existir y que fuera yo quien lo estuviera realizando.

Lo primero que me preguntaba era ¿por qué? Y ¿para qué?, lo segundo era ¿cómo vivir en el mundo terrenal sin perder la perspectiva de estar también en otro espacio o en otro mundo?

Me cuestionaba buena parte del tiempo sobre cómo podía estar en los dos espacios o mundos, sin que uno afectara al otro.

Tomé cursos, fui a seminarios y a talleres que tenían que ver con el tema de la sanación para ver si encontraba la forma de manejar eso que sentía con tanta fuerza y así ya no confundirme, pero no encontré nada que se pareciera a lo que estaba viviendo.

Me reafirmé que el mundo está lleno de posibilidades y hay gente muy especial que desarrolla el tema de la energía, el amor y la alineación de las fuerzas interiores. Esta gente ayuda mucho, algunos hacen consultas personales, algunos van a casas, otros están organizados y tiene consultorios, y hay otros que tienen centros de meditación de diversas fuentes. Realmente hacen un trabajo maravilloso y ayudan a quienes necesitan ayuda.

Hay libros increíbles que te hablan del desarrollo espiritual, maestros sabios de origen hindú, hay discípulos del Dalai Lama. Saber sobre la vida de Buda es toda una inspiración, leerlos ha enriquecido mucho mi vida y la seguirá enriqueciendo, pues pienso seguir leyendo las maravillas que ahora se escriben sobre el tema espiritual.

Ya no son solo de la India, ahora hay autores de todas partes del mundo. Quiero decir que el mundo se está alimentando cada vez más de este tema y va entendiendo la importancia de buscar la razón de su existencia, despertar y ser consiente de quienes son realmente en este viaje que es la vida, solo que no a todos les gusta viajar, hay quienes prefieren estar en casa seguros, ahogando su alma errante.

En esta búsqueda encontré a mi hermano gemelo y me sentí muy feliz de saber que hay alguien igual que yo, nació en la misma fecha que yo, el mismo año y hora, él también es un sanador.

En el espacio de la sanación hay muchos caminos: he conocido gente que sana a través de la oración con el nombre de la persona, otros leen el aura, imposición de manos, el péndulo, el iris, entre otras. Todas son increíblemente valiosas y cada sanador es único. No todos realizamos nuestra labor igual, descubrimos nuestra capacidad e inclinaciones y la desarrollamos. En este libro no hablaré de más posibilidades que la de los sanadores auténticos.

En mi caso particular, yo viajo, ingreso al interior del cuerpo y veo lo que está sucediendo, recojo la información que llega en imágenes, figuras geométricas y por transmisión de pensamiento.

En un seminario de sanación que tome hace muchos años, hice contacto con dos ángeles, los vi claramente: uno era más grande que otro y ambos eran de luz blanca. La sensación de uno, el más grande, era de mucha fuerza y la del más pequeño de mucha ternura. Se complementaban. Decidí ponerles una túnica porque su luz me cegaba, solo los veía como puntos de luz, uno más grande que el otro. Durante más de 25 años ellos me han acompañado, después de hacer contacto nunca me dejaron.

Con el tiempo ellos se convirtieron en mis guías sanadores. De ellos recibía la información para sanar y resolver problemas. Recibía señales, formas que tenía que interpretar, luego empezaron a ser más clara sus voces, hasta que llegaron con mucha claridad. Era un hermoso dialogo entre ellos y yo, para cualquier pregunta que pudiera hacer. Paso el tiempo y supe que no solo eran mis ángeles, guías sanadores, sino que además eran mis padres. Quedé muy sorprendida. Claro, no eran mis padres terrenales, eran mis padres de una dimensión superior. Me contaron la siguiente historia.

De dónde vengo y a dónde voy

Yo vengo de un mundo que se encuentra más arriba de todos los arribas. Es una gran malla en triángulos que forman una bóveda de energía interconectada, es infinitamente grande. Cada punta se une con otra y forma los triángulos de la red, su poderosa energía está elevada al potencial más alto. Este tejido de conexiones que forma la bóveda alimenta a todos los colores del mundo, menos al color negro, para que se manifiesten como mundos.

El color negro es la contraparte, busca alimentarse de la luz y no alimenta la vida, sino la muerte. Pertenece al trasmundo.

Esta bóveda tiene su mayor poder en la parte más alta. Su tejido está en permanente movimiento, nacen nuevas conexiones y otras se transforman, pero no culminan su fuerza.

Yo nací en la parte más alta, soy parte de estas conexiones poderosas, pero fui robada por la oscuridad, que está al acecho de la mayor calidad de energía, pues logra mayor calidad en la oscuridad.

La oscuridad fue perseguida por la luz y, en la lucha por recuperarme, salí disparada hacia la tierra. Rodé con mucha velocidad por nueve vidas, pero en la mayoría morí joven por accidente, suicidio o asesinato.

Quienes yo creí que eran mis ángeles y mis guías sanadores eran realmente mis padres que lucharon por recuperarme de las fuerzas oscuras. Recién me encontraron en esta vida, y ahora pueden recuperarme porque sigo completa, mi esencia no se destruyó. Me dicen que me acompañarán el tiempo que yo decida quedarme en este mundo antes de regresar a la conexión a la que pertenezco, es decir, a mi verdadero hogar.

Entiendo que estoy aquí por accidente, sin embargo me he propuesto, antes de irme, a escribir mi libro de las experiencias de sanación que he tenido a lo largo de estos 25 años; también quiero realizar un curso donde otros puedan viajar como yo lo hago, al interior para ver el funcionamiento de su naturaleza. El curso pasará por tres etapas: meditación, autoconocimiento interior y autosanación.

Ahora tengo el privilegio de elegir el día de mi partida.

Viaje hacia tu interior en el tiempo

Las vidas recordadas que a continuación relato, son un proceso que he pasado a lo largo del tiempo, desde que inicié mi camino espiritual y de sanación. Los lugares en donde estas vidas se desarrollaron fueron identificados con base en la vivencia recorrida, los ambientes y la época en la que se realizaron. El orden en que recordé estas vidas no es cronológico, sin embargo, lo he ordenado cronológicamente para entender el proceso en el tiempo y reconocer quien soy yo.

Nueve vidas recordadas
Orden cronológico

Primera vida. Tribus zona Turquía

Decidí contar mi última experiencia, un tanto difícil de explicar pero muy conmovedora en muchos sentidos. Pienso que todo inició cuando sentí, desde muy al fondo, la separación, como si me arrancaran algo que era mío y que siempre había estado allí, hasta ese momento.

Una de mis hijas decidió ir a trabajar al Cusco, administrar un hotel en el valle sagrado. Cusco es la ciudad más bella del Perú, yo la considero así. Estaba triste por su partida, pero al mismo tiempo me alegraba que iniciara su propio camino.

Ella ya había terminado la Universidad, estaba en condiciones de iniciar su propia experiencia, sin embargo, cuando se acercaba el día de su partida y veía en su habitación un ambiente de mudanza; cajas, paquetes, maletines y maletas; la sensación de que algo me estaban arrancando aumentó.

Llegado el día de su partida, con algunas lagrimitas en sus ojos me hizo adiós con la mano, ya dentro de la camioneta en la que viajaría. El golpe de tristeza fue tan fuerte que me dividí en dos y aquí inicia esta experiencia extraña pero que me parece fundamental compartir con ustedes.

Se empezó a manifestar un profundo dolor físico en el lado derecho del pecho, al costado del corazón, que aumentaba fuertemente; se sentía como si se empezara a abrir una herida. No tenía control sobre ello, salía el dolor como un torrente que me dejaba sin respiración y lloraba, por momentos de dolor y por momentos de pena. Recordé que ese mismo dolor lo sentí con mucha fuerza cuando mi padre murió en un accidente. Siempre había pensado que era por su partida violenta.

Claramente sentía tres manifestaciones: primero la madre con pena, una pena terrible al saber que su tercera hija se había ido a iniciar su propio camino; segunda, esa misma madre con alegría, porque ella se podría desarrollar en sus propios proyectos; y la tercera, la sensación de recordar la muerte de mi padre.

Mi tristeza se agudizaba junto con el dolor, y lo primero que pensé, como suele ocurrir, es que había dañado un músculo por tensión.

Decidí meditar, relajarme para calmar lo que no entendía. En las profundidades de la meditación a mis interrogantes surgió una imagen, una pista o una respuesta:

Me vi sentada meditando y retirándome un cuchillo en la zona de dolor y escuché una voz interior que me dijo "lo has tenido clavado por miles de años"; después de que retiré el cuchillo lo enterré en el fondo de la tierra y se consumió en el fuego; luego apareció nuevamente, lo destruí en pedacitos y lo convertí en una línea que se perdió en el horizonte de muchos mundos. El cuchillo regresaba y yo sentía que debía evitar que volviera al mismo lugar donde había estado por miles de años, es decir, en mi cuerpo. Luché por varias horas hasta que la imagen del cuchillo se debilitó y la sensación se fue, se destruyó, logre sentir que ya no era parte de mí.

Lo que había sucedido era extraño, sentí liberación, pero el dolor que parecía muscular claramente se empezó a manifestar como herida interna. Acostumbro, en esos casos, a frotarme, pero no me era posible ni tocarlo. El dolor de la espalda era terrible, se prolongaba hasta el pecho, recorriéndome por delante y detrás, yo era una persona herida. Recordé que ese dolor se manifestó después de la muerte de mi padre. Tenía que hacer reposo, pues no me encontraba en un estado normal, me dolía el brazo derecho y también me dolía fuertemente el respirar. El dolor era tan grande que las únicas palabras que me salían hacia el cielo eran "ya no más" y "¿qué es esto, que está pasando?". Medité, hora tras hora tras hora, hasta que la respuesta empezó a llegar en forma de historia.

Miles de años atrás, vivía en un pueblo y tenía poderes: podía mover elementos, movía el agua y equilibraba el funcionamiento del estado de las cosas, cambiándolas de malas a buenas.

Si había algo mal en el agua lo arreglaba, lo mismo hacía con la tierra y al igual con la salud. Era ya conocida como una persona indispensable en el pequeño pueblo y era muy querida por los aportes y la ayuda que frecuentemente recibían de mí.

Moraba con una familia postiza que me acogía con mucho cariño, pues ese pueblo no era mi lugar de origen, sino que, muchos años atrás, había llegado a radicar en él. A nadie del pueblo le importaba de dónde venía, solo les importaban las maravillas que les hice vivir desde mi llegada.

El pueblo prosperaba, pero no pasaba lo mismo con los pueblos vecinos. La fama de mis poderes trascendió a otros pueblos y en lugar de de pedir mi ayuda se alimentaron con los celos. Me acusaron a las autoridades generales, encargadas de esos pueblos a nivel de orden moral, leyes sociales y organización. Dijeron que ejercía practicas malignas no pertenecientes a los seres humanos, por lo tanto peligrosas, que era como una hechicera o una bruja muy poderosa. Todo lo que pudiera manifestarse como poder amenazaban a las autoridades, sentían peligro por no poder explicarselo.

Desde hace miles de años los seres humanos han rechazado la existencia de lo sobrenatural, por lo que tomaron preso a todo el pueblo, incluyéndome a mí. La condición era que si me confesaba inocente y probaba mi inocencia castigarían con la muerte al pueblo vecino acusador, pero si probaban mi culpabilidad todo el pueblo, junto conmigo, seria sacrificado por haber sido participe de tales prácticas.

No tenía muchas opciones, ante el peligro de mi pueblo tomé la decisión de declararme inocente. El castigo para probar mi inocencia sería amarrarme a un madero de frente a él, como abrazándolo. Me clavaron con un cuchillo largo, aunque no llegaba a ser un sable, en el pecho del lado derecho, al costado del corazón, de tal manera que el cuchillo se clavó también en el madero. Me encontraba abrazada, amarrada y clavada. El dolor era insostenible y la sangre corría como riachuelo por mi cuerpo, debía permanecer allí por tres días sin caerme, no había salida para mí. Si utilizaba mis poderes y me salvaba mi pueblo moriría, y si no los utilizaba yo moriría y conmigo el pueblo acusador.

Luché por mantenerme en pie clavada en el madero, aunque la vida se me iba con la sangre que corría. Al final del segundo día empecé a retener la sangre y coagular la herida para mantenerme de pie y no morir, poder soportar hasta el tercer día, lo logré. Sabía que cualquier ser humano hubiera muerto al primer día, pero yo resistí.

La duda para los gobernantes era grande porque, aunque resistí, me encontraba agonizando, próxima a la muerte.

Representantes de mi pueblo pidieron piedad a las autoridades para retirarme del madero, ellos, con duda, respondieron que todavía no estaban seguros de mi inocencia, así que si yo utilizaba algún truco para curarme al retirarme del madero me declararían culpable y procederían a aplicar la sentencia. Para ello pusieron vigilancia, un par de soldados que observarían día y noche lo que hacía.

Mi familia postiza me retiró del madero y me llevo a casa a cuidarme, por supuesto con los soldados vigilando dentro de ella.

No era posible utilizar ningún poder. Mi familia buscaba ayudarme llevándome junto al lago para que yo allí pudiera hacer algo, pero no lo hacía, cualquier movimiento en falso sería fatal para todos.

El miedo se apoderó de todo el pueblo y se alejaron de mí, me dejaron sola, me dieron la espalda. Solo mi familia permanecía conmigo amándome y apoyándome en mi dolor.

Se cerraron las puertas, buscaban eliminarme de todas maneras, por lo que debía tomar una decisión, y esta fue la de morir, no había de otra. Aún así, me causaba mucho dolor saber que mi muerte significaría la muerte del pueblo acusador, en ese pueblo había mucha gente inocente que moriría a causa mía. Medité cuál sería la mejor salida para evitar hacer tanto daño, por lo que decidí desaparecer. Debía hacerlo sola, nadie podía ni sospechar lo que iba a hacer. Busqué el momento en que todos durmieran, dejé un recuerdo a mi familia para despedirme de ellos, burlé a los soldados y salí del pueblo rumbo a donde ni yo ni nadie podría imaginar.

Mi desaparición sembró la duda en las autoridades, nunca pudieron corroborar mi culpabilidad ni mi inocencia, por lo que no pudieron aplicar la sentencia ni de un lado ni de otro, ningún pueblo de ese lugar supo más de mí.

Fue por ello que cargué con mi pena y con ese gran puñal durante miles de años, pero me dio una gran lección de vida: nunca debes romper el equilibrio del funcionamiento de las cosas, aunque creas estar haciendo el bien, puedes estar construyendo las condiciones que lo conviertan en algo malo y dañino. Debes tener mucho cuidado de no crear ni dependencia ni resentimientos, pues el bien por si solo no basta. Cuando vemos a alguien que si puede hacer cosas inimaginables en bien de ellos y de su entorno en la mayoría de los casos tendemos a destruirlas para no enfrentarnos a lo inferiores que nos sentimos. Si queremos aceptar la posibilidad de que se construyan estas cosas, debemos primero aceptarlo como opción y desarrollarlo dentro de nosotros. No ver diferente a la persona que la ha desarrollado, ni tampoco sentirnos diferentes ni inferiores por no haberla desarrollado nosotros.

Si cambiamos nuestro punto de vista sobre esta opción, estaremos preparados para aceptar, aprender y, humildemente, entrenarnos para encontrar dentro de cada uno el poder que todos tenemos de transformar las cosas. Este es un maravilloso camino para nuestra evolución como seres humanos. ¡Dejar el odio, la guerra y destrucción y a cambio tomar el amor! ¡Dejar el poder y la manipulación por la entrega sin condiciones a la fe y la paz en nuestro corazón!

Si empezamos por nosotros e irradiamos hacia toda la tierra y el universo ¡claro que podemos cambiar al mundo!

Esta historia, pudo haber sido creada para resolver mi sufrimiento, o también pudo haber sido el recuerdo de una de mis vidas anteriores, donde la necesidad de liberarme del sufrimiento fue lo que me ayudó a recordarla. Eso no lo sabremos con certeza.

Es importante entender que no todo lo podemos saber con certeza. Las cosas se dan y se resuelven maravillosamente, no siempre tenemos que tener una explicación de lo que paso. A veces ni siquiera hay palabras para explicar hechos o vivencias que pueden ser sobrenaturales, solo hay que vivirlas y agradecer haberlas vivido, especialmente si esta te ayuda a salir adelante. Debemos aceptar lo que viene como una bendición.

Segunda vida. Egipto

Varios años atrás, hacía muchas caminatas por cerros de la costa, centros arqueológicos y pequeñas montañas en la sierra. Me gustaba mantenerme en forma. En esa época descubrí lo fuerte que se manifiesta el miedo a la altura, sentir el vértigo. Buscaba no caminar cerca de precipicios porque era muy fuerte la sensación.

En una ocasión, en el Centro Arqueológico Inca Pachacamac ubicado en el sur de la costa peruana, encontré puertas del tamaño del cuerpo de una persona, estaban continuas una de otra y tenían forma de trapecio. No había paso hacia ellas, pues estaban cubiertas por una pared. Pregunté qué eran, me dijeron que eran tumbas y que solían enterrar allí a mujeres ñustas. Era un castigo, entraban paradas y las cubrían de cuerpo entero tapando todo, las encerraban vivas y ahí morían.

Sentí algo muy fuerte, sentí la presión de piedras en todo mi cuerpo, como si estuviera atrapada y me faltó el aire en ese momento. Regresé a casa con esa sensación y soñé despierta con mucha claridad.

Yo era una diosa heredera, había sido criada para eso. Era muy joven y todos los días, desde pequeña, me preparaban, me aseaban y me vestían para salir a un altar muy grande para ser ovacionada por el pueblo. Yo no sentía que ese fuera mi destino, pensaba y me sentía como cualquier persona, no como parte de la realeza. No entendía bien porque el pueblo me ovacionaba. Todo parecía un engaño

Soñaba todos los días que caminaba por el campo y corría cerca de las flores. No era libre, estaba totalmente atrapada, siempre rodeada de sirvientes que no me permitían hacer nada, todo hacían por mi, eran como esclavos.

Mis padres habían sido ovacionados antes y había mantenido la tradición, no siendo libres. Ahora me dejaban a mí esa tarea, pero yo no estaba dispuesta a cumplirla.

Mi deseo de ser libre era tan grande que en mis sueños empecé a viajar por los campos y la ciudad. Se sentía tan real que parecía que estaba allí. En algunos casos tenía la sensación que alguien me visualizaban. Era muy feliz en esos viajes, donde mi energía se desplazaba de un sitio a otro.

Vi y constaté que este era un pueblo con mucha fe y creencias fuertes de sus dioses. Mis padres, que eran mayores, ya no salían, dejaban el pase libre para mí. Por alguna razón el pueblo había despertado mucho amor hacía mí, la diosa joven. Se había vuelto una costumbre verme salir todos los días. Yo era la esperanza de ese pueblo, eran felices al verme.

Empecé a sentirme triste, no tenía vida. Quería salir, correr, jugar, conocer gente, pero estaba restringida. Mi función era toda la mañana prepararme, bañarme en flores y vestirme con atuendos grandes, de telas y colores bellos, con coronas de flores en la cabeza, cada día era un atuendo diferente.

Yo no deseaba estar allí, Era un objeto que se lucia, era una esclava de ese pueblo.

Un día ya no pude soportar más esa cárcel, cuando me pusieron en el gran altar, que era una piedra lisa enorme, todo el pueblo se veía pequeño, había mucha gente gritando de alegría con los brazos arriba. Sentí la necesidad de tirarme, cuando mire abajo, percibí que el suelo se levantaba hacia mi como un imán. Me precipité hacia abajo y me destrocé totalmente.

El pueblo fue testigo de esa caída y terrible muerte, al instante cambió su rostro de alegría a tristeza y hubo una inmediata perdida de la fe. El pueblo cayó en desgracia desde ese momento y hubo mala suerte por años.

Mis padres y todo el personal sagrado corrieron a recogerme para evitar mayor caos. Para evitar reacción del pueblo me taparon entre piedras, sin verificar si estaba viva o muerta, para no ser encontrada por nadie. Con la misma ropa con la que me encontraba me desaparecieron entre paredes de piedras.

El pueblo nunca más volvió a creer en los dioses de ese templo. Para ellos una diosa jamás cae, mucho menos muere. Se sintieron engañados y muy decepcionados. Nunca volvieron a ser los mismos.

Esa sensación de asfixia entre piedras presionando mi cuerpo se fue, y también superé el vértigo por la altura que me limitaba en las caminatas. Quedó conmigo la maravillosa sensación de libertad.

Tercera vida. Grecia

En mi vida actual, conocer Grecia era mi sueño, me sentía muy atraída por ese país. La sensación era tan clara para mi que, cuando al fin fui como turista a los palacios e islas, yo lo sentía conocido, como si ya hubiera estado allí. Tenía dos sentimientos muy fuertes: la fuerza del amor en esa cultura y la fuerza de la sanación.

Fui feliz, sintiendo que allí estaban mis raíces, era muy claro, pero ¿quién había sido? No lo sabía.

En mi viaje visité un teatro en forma circular donde el escenario estaba al fondo hacia abajo y las escaleras alrededor, tenía una acústica impresionante por donde fuera que te pararas. La guía turística explicó que ese lugar, llamado *epidauro*, se convirtió en el santuario de sanación más grande de la historia a.C. El equipo de sanadores allí desarrollaban las enseñanzas de Asclepio, un sabio sanador griego. En ese santuario se utilizaba el teatro como medio para sanar, los resultados eran increíbles, sobre todo en los pacientes psicosomáticos.

Estaba tan emocionada por encontrar un lugar con tanta relación conmigo que compré una estatuilla que representaba como había sido Epidauro, probablemente en los tiempos de Asclepio, y me la traje a mi país.

No me había percatado de su relación tan profunda conmigo y lo catalogué como una anécdota turística. Con el tiempo empecé a relacionar mi vida con esos personajes, pero aun más con el lugar, Epidauro.

Yo soy actriz, me inicié en la enseñanza de teatro para niños, desarrollé una metodología que permitiera que los niños expresaran sus ideas y sentimientos, que fueran creativos. A través de los talleres sané sus limitaciones y reforcé su identidad. En ese templo se desarrollaron prácticas muy parecidas. Me preguntaba "¿habré sido uno de esos sanadores?, ¿era un hombre? Si sí probablemente muy reconocido. Tengo dentro de mí esa sabiduría de sanar, creo que viene de allí, y me alegra haber sido parte de eso".

Cuarta vida. Jerusalén

La cuarta vida aun no la recuerdo completa y detalladamente como las demás, pero he tenido vivencia de mi participación en la época de Jesucristo. Pienso que puede ser una gran conexión.

Se inició esta con una fuerte vivencia en la Catedral del Cusco. Salimos en la noche a pasear por el Cusco y con sorpresa vimos la catedral iluminada y llena de gente, se escuchaba hasta afuera la ceremonia de la misa. Decidimos entrar mi hija, su pareja y yo. Estaba tan llena que casi no se podía pasar, en ella se encontraban delegaciones escolares y delegaciones policiales, cada una con sus respectivos estandartes. Decidimos ingresar a buscar la piedra sagrada, primero debía ubicar el altar del Cristo Moreno, el cual no encontré por el ala derecha, donde uno de los altares se encontraba vació, decidimos regresar por el ala izquierda hasta el fondo, tampoco estaba. El último altar era el de la Virgen María y la ceremonia estaba dirigida a ella, el padre que llevaba la misa bajo a ovacionar el altar de la virgen llevando el cáliz en su mano, mi hija se quedó mirando la ceremonia. Ya estábamos muy cerca del altar mayor que se encuentra al centro y, en mi insistente búsqueda, seguí caminando. Ya me encontraba al costado del altar mayor central, quise seguir avanzando pero una joven escolar con un chaleco de seguridad me preguntó con una mirada amable que a dónde iba, yo le pregunté dónde se encontraba el Cristo Moreno, ella levantó la mirada a un costado del altar mayor en el centro, señalando claramente su intención, me dijo "es el mes del señor de los milagros y todo este mes va a estar en el altar central". Cuando ella me dijo esas palabras yo levanté la mirada, imponentemente se encontraba en lo alto, a mi costado, muy cerca y muy alto. Por una fracción de segundo no vi una imagen, vi a un ser humano sufriendo en la cruz desgarradoramente, me miró y bajó la cabeza tal como estaba. Me quedé paralizada, presa de una tristeza profunda donde la necesidad de pedir clemencia para él era tan grande como la necesidad de pedirle perdón por sus heridas.

No entendía que estaba pasando conmigo, pero dentro de esta sagrada ceremonia las lágrimas de tristeza profunda empezaron a salir como río incontrolable. Tenía confusión en mi cabeza, había entrado por la piedra sagrada y me encontraba llorando por Cristo Moreno con mucha pena en el alma.

Decidí salir de esa zona e ir a buscarla, tratando de reponerme sobre lo que acababa de vivir. Cuando llegué a la entrada, nuevamente, me indicaron dónde estaba, la habían cambiado de lugar y estaba entrando a la izquierda. Me acerqué y vi una piedra como de 60 centímetros de alto, muy redonda arriba, semejante a la forma de un huevo, pero por abajo con una superficie plana donde reposaba en el suelo. La estuve observando, vi como la mayoría de las personas se acercaban a ella, le ponía las manos y se iban, yo me animé a acercarme y tocarla. Cuando lo hice mi tristeza se calmó.

En otro momento, tuve una visión de tres mujeres que parecían ser tres madres muy tristes mirando a sus hijos irse del pueblo, los hijos eran tres jóvenes que avanzaban por un camino empedrado, llevaban puestas túnicas muy similares a las de la época de Jesucristo, con las típicas sandalias de tiras de cuero. El pueblo tenía casitas pequeñas con techos en forma de cúpula.

Estos tres jóvenes decidieron salir de su pueblo, dejando a sus madres, mujeres e hijos. Su deseo de peregrinar buscando un mundo mejor hizo que no pensaran en la tristeza que dejaban a sus familiares.

Tengo la sensación que en esta vida fui un hombre, que uno de esos jóvenes fui yo y que fui hijo de Jesucristo o algo muy cercano a un hijo. De hecho, fui un joven que acompaño a Cristo en su peregrinaje.

No recuerdo los detalles, pero el sentimiento de profunda tristeza que marcó mi vida se originó allí. En esta vida mi padre murió de un accidente y pensé que eso era lo que había marcado mi vida, traté de sacarlo y sanar, pero esa tristeza seguía allí. Fue entonces que tomé consciencia de que venía de la muerte de Jesucristo, donde estuve presente y, siendo muy joven, vi morir a mi posible padre, donde el sufrimiento al que fue sometido me destrozó el corazón por miles de años. También mi aprendizaje en la sanación viene de esa época.

En todo caso la décima vida sería esta vida la que estoy viviendo actualmente que se desarrolla en el Perú. Ahora vivo en el Valle Sagrado de los Incas: Cusco.

Después de un tiempo, leyendo el libro de Caballo de Troya, sentí que estuve presente cuando tomaron preso a Jesús y lo llevaron a la casa de Caifás, allí me sentí muy cerca de Jesús, me acerqué a verlo y sentí el amor divino al mirarlo. Definitivamente ha habido en ese episodio una vida mía, pues me causa mucho sufrimiento.

La piedra sagrada Inca, es reconocida como una piedra que se come lo sentimientos fuertes, pesados y se le entrega a la madre tierra (pacha mama) para que la tierra los convierta en minerales. Es la piedra que alivia el dolor y te libera del sufrimiento. Por otro lado, yo siempre había sentido en mi vida mucha tristeza, y tan profunda que parecía, por momentos, que era toda la tristeza del mundo.

Las vidas que recordé son nueve, en cuatro se manifiesta el poder de sanación y se manifiesta por la necesidad de liberación y mucho espíritu de servicio; las otras cinco están marcadas por la lucha por el amor y libertad y, sobre todo, por la lucha por ser madre.

Las vidas donde se manifestó el poder de sanación están marcadas por la incomprensión de los dones por parte de la sociedad y, al mismo tiempo, por la necesidad de mantener un perfil bajo y secreto en los temas de sanación. En el caso de Grecia y Jerusalén, no tengo una historia clara, pero sé que fui parte de esa historia aprendiendo y aportando lo que sabía en lo relativo a sanar.

Mi vida actual es la que une los dos espacios: la necesidad de amar, de vivir intensamente la maternidad y la manifestación del don de sanar. En todas las vidas recordadas muero joven, todas son vidas trucadas. En mi vida actual, aún no he muerto, tengo edad avanzada y me iré en el umbral de la ancianidad.

Quinta vida. Francia

Inicié mi experiencia de sanación viajando en el tiempo. En ese viaje resolví múltiples sentimientos que me atormentaban como si hubieran sucedido en ese momento, estos se fueron yendo a la tierra y al universo. Fue una hermosa carrera de sanación interior que me liberaba corriendo por el tiempo. Estaba intrigada por saber si lo que estaba viviendo era cierto o no. Todo era tan real, tan mío que me parecía imposible que no fuera cierto. Las caras, los lugares, los paisajes me transportaban a lugares familiares, recordando los momentos donde los sentimientos estaban presentes, donde el dolor se manifestaba en el aquí y ahora, y eran exactamente iguales atrás en el tiempo.

Recuerdo haberme encontrado con mis hermanas y con mi hija. Las caras y las sensaciones estaban presentes. Los sentimientos que me invadían por cada familiar, indistintamente, se explicaban en el tiempo porque eran así.

La primera vez que me transporté por el viaje en el tiempo estaba leyendo un libro sobre el tema de recordar vidas pasadas, era el libro del Dr. Brian Wiess. Cuando el doctor le pedía a su paciente que cerrara los ojos y recordara las directivas vinieron directamente hacia mí. Yo me encontraba en el Registro de Contribuyentes con un número de ticket esperando que me llamaran para ver si mi recibo por honorarios estaba vigente, me fui completamente.

Me encontré en lo alto de un castillo en una ventana característica de la época, estaba hecha de madera con triángulos en forma de cocos, con vidrios blancos y amarillos, tenía forma de arco por la parte de arriba. Yo estaba apoyada sobre el marco mirando hacia abajo. Era un lugar lleno de campo y árboles, pude ver cómo llegaba alguien de mucho interés para mí, era un hombre alto, de tez tostada por el sol de sus viajes. Él era un trotamundos y yo era la princesa heredera del trono. Me encontraba en Francia en épocas muy lejanas, no sabemos si se registró por la historia.

Ese pequeño castillo era de mi hermano, el cual me apoyaba para mis encuentros con el trotamundos. Mi hermano subió a mi habitación y cuando lo vi me di cuenta de que era mi hermano actual. Él me dijo "ya llegó, que sea corto, recuerda que nos están vigilando". Bajé corriendo a encontrarme con él, la pasión era enorme y el amor también, estuvimos juntos esa noche. Al día siguiente almorzamos y cenamos junto con mi hermano. Mi hermano era muy amigo suyo, les gustaba interactuar, pues le contaba todas las experiencias de los viajes que había tenido, las cuales mi hermano escuchaba con mucho interés.

Él partió como siempre, le tomaba tiempo regresar. Yo ya no tenía tiempo, mi vida se veía amenazada por varios lados. Era probable que tuviera que asumir un matrimonio pactado para subir al trono, pero también sabía que las otras herederas, mis hermanas, me tenían vigilada, pues sospechaban de mi relación con alguien que no era apto. A ellas les convenía que me sacaran de la herencia, ya que ellas serían las siguientes en heredar. Yo solo pensaba en cómo iba a resolver mi vida sin amor.

No tardó en manifestarse mi embarazo y en llegar a los oídos del reino. Mi hermana viajó al castillo de mi hermano para encontrarse conmigo, quería verificar el hecho y denunciarme. Cuando llegó se me acercó con furia y me dijo "has deshonrado nuestro linaje y has perdido el lugar que te pertenece, serás castigada por eso". Cuando la mire vi que era la cara de una de mis hermanas actuales.

Después de esa fecha, la angustia se apodero de mí, supe que habían iniciado la persecución de mi trotamundos. Cuando di a luz me quitaron al bebé y no supe más ni del hombre a quien amaba ni de mi bebé, lo único de lo que me enteré es que había sido una niña

Mi sufrimiento era insostenible, como si me hubieran arrancado una parte del cuerpo. Yo vivía encerrada en una de las habitaciones del reino sin saber nada, esperando la sentencia.

Mi sentencia fue morir decapitada. El día de mi muerte me vi subiendo al altillo usando una gran capa con capucha que me cubría el rostro, el verdugo me quitó la capucha y se oyó una manifestación de amor de todo el público, como un suspiro. Vi mi rostro y era el de mi hija mayor, yo era ella. Ella tiene el rostro de un angelito.

Cuando volví, ya no estaban atendiendo en el Registro de Contribuyentes, había perdido mi puesto, se había pasado toda la hora de atención.

Me di cuenta de que había tenido una angustia grande cuando habían nacido cada una de mis cuatro hijas, me daba miedo que vinieran a quitármelas mientras eras bebés. No paraba de mirarlas en la cuna, como si hiciera guardia, y cuando tocaban a la puerta de mi casa me sobresaltaba, sufría mucho sin entender por qué. La sensación se me pasaba cuando cumplían el año.

Comprendí que ese sufrimiento venia de allí, lo había traído viajando en el tiempo y había estado conmigo. También comprendí porque me puse muy mal cuando viajé a Francia hace algunos años con el grupo de teatro al cual pertenecía, quería morirme de malestares, nauseas, decaimiento, tristeza y no tenía ganas de actuar. En ese momento yo estaba embarazada de mi hija mayor y tenía un temor muy grande, pero todo esto se fue cuando salíamos de Francia. Entendí porque eso que sentía no tenía explicación.

Cuando nació mi hija menor y me la mostraron, me di cuenta de que era la hija que me habían quitado, y mi esposo, con su espíritu de trotamundos, también era aquel que me habían arrebatado en esa época. La vida me daba la oportunidad de reencontrarme con ellos.

Muchos sentimientos fuertes se fueron con esta vivencia.

Sexta vida. Londres

25 de agosto 2005

Después de mi viaje a Cusco, supe que algo no andaba bien en mi cuerpo, pues empezó a aparecer acné en mi rostro, hacía tiempo que no se manifestaba así. Traté de curarlo, pero no desaparecía. Tomé antibióticos para ayudarme, pero era resistente. Me dije "la próxima semana iré al dermatólogo, no logro vencerlo sola, necesito ayuda".

Empecé a observar mi cuerpo para percibir que sentimiento afloraba en mi interior con relación a lo que me estaba apareciendo en la cara. Noté un decaimiento fuerte, una desazón extraña, sabor a muerte cercana, algo profundo.

La primera pista fue un sueño donde se robaban a mi nieto, lo maltrataban, lo violaban y lo mataban, yo no podía hacer nada. De pronto sentí que los sentimientos que se relacionaban con la molestia a la cara estaban también en mi sueño. Eso era, algo tenía que ver con un niño y no estaba relacionado con esta vida, ya que hijos no tengo, solo hijas.

Las imágenes se fueron presentando, empecé a ver en mi imaginación el rostro de un niño muy bello, con cabello rizado, ojos redondos, nariz muy pequeña y labios gruesos acompañados con dientes de conejos recién salidos. Alguien que se aparecía en mi imaginación y que me hacía muy feliz con solo verlo, alguien a quién yo amaba profundamente, alguien que perfectamente podría ser mi hijo.

Empecé a ingresar al mundo imaginario al que los sentimientos me llevaban, ese niño me pertenecía, era mío.

El dolor de recordar que alguna vez amé, a un niño y lo perdí era indescriptible. No tenía valor para iniciar esa búsqueda, así que más de una vez la corté y lo borré de mi memoria.

Eventualmente me di cuenta de que no podía detener la puerta que se había abierto. Estaba en el sentimiento, y este era tan fuerte que mi rostro se lastimaba cada vez más sin poder controlarlo, ni curarlo.

Empecé a seguir el sentimiento y aparecieron las primeras imágenes de la historia:

Era muy joven y vivía con mis padres, podría decirse que era muy mimada y acogida por ellos, con muchas expectativas de lo que podría ser mi futuro, ya que mi belleza probablemente facilitaría un buen matrimonio.

La historia se desarrollaba por lo menos dos ciclos atrás. La casa era una mansión con grandes extensiones de tierra alrededor, la ropa era de la época, muy ceñida de la cintura para arriba, con grandes faldas de hermosas telas y peinados con largas cabelleras, parecidas a la época de la Emperatriz.

Solía pasearme a caballo en mi tiempo libre, y fue allí que conocí a un joven bien parecido que me acompañaba en mis paseos. Me encontraba cada vez que salía a pasear y, sin darme cuenta, se convirtió en un caballero que me cortejaba maravillosamente bien, pero los encuentros siempre fueron fortuitos porque nunca quería visitar la casa de mis padres.

De esta manera se inició un amor a escondidas de mis padres sin que hubiera una verdadera razón para ello. Producto de estos encuentros fortuitos, salí embarazada y fue allí cuando todo cambio. Debíamos casarnos, ya no había razón alguna para que no visitara la casa de mis padres, así que él acepto con mucho placer y se decidió a ir a pedir mi mano lo antes posible.

Yo, muy preocupada por cómo había iniciado esta relación, recé para que todo saliera bien. Sabía que mis padres me amaban, pero estarían dolidos por lo que había hecho. A pesar de ello, estaba feliz, muy feliz, porque amaba mucho al hombre que pronto seria padre de nuestro futuro hijo.

Le anuncié a mis padres que iría un joven al que había conocido hacía mucho tiempo y al cual amaba, ellos se alegraron mucho al saber que amaba a alguien. No quise decir su nombre, pues habíamos quedado con que sería una sorpresa. Mi padre no entendió porque no quería decir el nombre del caballero que iría a su casa, le expliqué que lo hacía a petición de él, pues él mismo quería presentarse.

Intrigados los padres esperaron, cuando este llegó, muy elegante y bien parecido, se quedaron sorprendidos. Ya en la sala, él con una sonrisa siniestra, les dijo toda la verdad, desde cómo nos habíamos conocido, hasta que estaba embarazada y que con gusto se casaría conmigo. Ellos, muy sorprendidos por tal confesión y porque yo no les hubiera dicho, le preguntaron su nombre, cuando él les respondió mi padre y mi madre se indignaron. Sin titubear lo botaron de la casa, él se fue riendo a carcajadas y les dijo que de todas formas se casaría conmigo.

Desconcertada al no entender que sucedía, corrí llorando a mi cuarto y miré por la ventana cómo se iba, él me miró y me dijo que no escuchara nada de lo que mis padres dijeran, que me fuera con él, porque me amaba y se casaría conmigo, dijo que me esperaría para que nos fueramos de ese sitio para siempre.

Mi madre entró en el cuarto y escuchó todo, me dijo que no fuera con él porque sería muy desgraciada, me explicó que él me había tendido una trampa para vengarse de mi padre. Me contó que el padre del muchacho había sido una persona muy mala y corrupta, mi padre lo había descubierto, lo había denunciado y al final su padre había acabado con su vida para no ir a la cárcel. La familia de ese hombre culpó a mi padre por su muerte y juraron vengarse. Me dijo que su hijo era quien lo estaba haciendo, que me había engañado y me había utilizado.

Respondí que, a pesar de la historia, lo amaba y que iba a tener un hijo suyo. Mi madre dijo que ese hijo no podría nacer, era imposible que en su familia ingresara la sangre de esa otra familia, que el niño crecería con el veneno y después acabaría matándonos a todos.

No acepté tal afirmación y, ante la amenaza de mi madre para terminar con la vida del niño, huí para encontrarme con mi amor e irnos para siempre del lado de mis padres.

Mi vida se volvió un calvario, él nunca me incluyó como parte de su familia por que me odiaba, y mi familia no quiso volver a saber ni de mi ni de la vida del niño. Estaban dispuestos a recuperarme, pero a mi niño no.

El joven no me dio una buena vida, pasamos miseria y estrecheces, yo trabajaba en lo que podía. Él empezó a tomar y juntarse con mala gente. Un día me dejó y se fue por mucho tiempo, cada cierto tiempo volvía para robarme algo y volvía a irse. Esta fue la vida terrible que él como venganza me dio.

Más de una vez le pedí ayuda a mis padres, pero ellos nunca aceptaron al niño. Esto impidió que regresara, pues no podía abandonar a mi hijo quien era hermoso, muy bueno y lo amaba intensamente.

Una noche, el padre del niño llegó borracho con amigos a la casa y tomó al niño con él, me dijo que él se encargaría de convertirlo en hombre. Me encerró en mi cuarto y violó al niño, frente a sus amigos. Ante los gritos del niño logré salir del cuarto y el niño, con los pantalones abajo, corrió hacia mi para abrazarme. Antes de que lo hiciera, el padre le lanzó un golpe a la cabeza con toda su fuerza, el niño quedó inmóvil en el suelo con mucha sangre y desesperada me acerqué a verlo. Noté que el niño había muerto. Estaba enfurecida con el borracho aturdido que no aceptaba que lo había matado. Tomé un palo de la tranca de la puerta y, gritándole "asesino", lo golpeé fuertemente en la cabeza. Él cayó al suelo, ensangrentado, y yo seguí dándole descontroladamente hasta que ya no habló ni se quejó, lo había matado. Cuando me detuve todos los amigos estaban paralizados viendo lo ocurrido, les pedí que llamaran a la policía.

Dos años estuve en la cárcel por asesinato, dos años que mis padres hicieron lo imposible por verme, pero yo sentía que ya no tenía padres, no quiso verlos.

Mis padres contrataron un abogado muy bueno, este aludió defensa propia tomando a los testigos del hecho, yo salí libre, me declararon inocente.

El día de mi salida busqué la manera de eludir a la prensa y a mis padres. Partí cerrando un pasado, sin raíces y sin futuro.

Caminé buscando la muerte, lejos, donde nadie sabría quién era. Sin nombre, sin identidad, sin nada. En el lugar nunca más supieron de mi, desaparecí para siempre.

Séptima Vida. EEUU. Frontera con México

Revisé mi historia y noté que se repetía el mismo sentimiento, una y otra vez. Ese sentimiento se relaciona con la lactancia. Mi lactancia de cuatro hijas no se pudo concretar de buena manera. Lacté a las cuatro solo 15 días, los siguientes 15 días se disminuyó la leche al punto que tuve que combinarla con leche de fórmula, porque la mía no era suficiente; al mes desaparecía totalmente. El sentimiento que lo acompañaba siempre era el mismo: mucha pena, dolor físico (se reforzaba porque se dañaban mis pezones) y una sensación de rabia incontenible. Cuando mi pareja intentaba acercarse a esa zona tenia deseos de matarlo, no quería ni que me tocara.

Eran muchas cosas que tenían que ver con mis senos, así que un día decidí seguir el sentimiento y viajar para entender que pasaba conmigo. Me trasladé de inmediato a la frontera con EEUU y Texas.

La época era el siglo XVIII, había vestidos largos y yo estaba en el lado de EEUU. Paseaba con una amigo por un pequeño bosque cercano a mi casa, él parecía muy interesado en mí. Caminaba a su lado y cuando miré su rostro noté que era un amigo de mi vida actual de la infancia, salí con él cuando tenía 14 años.

Caminábamos juntos en un parque lleno de árboles, éramos dos futuros enamorados, llenos de esperanza y ganas de vivir. En el momento en el que él me tomó de la mano escuchamos un ruido muy fuerte de caballos que venían huyendo de la frontera. Levantaban mucho polvo y se dirigían al bosque en donde nos encontrábamos. Cuando estuvieron cerca notamos que eran mexicanos escapando de la guerra, mi amigo se dio cuenta del peligro, así que empezamos a correr para salir del bosque y no estar cerca de ellos, pero fue inútil, en corto tiempo nos rodearon.

Los caballos agitados hacían fuertes ruidos con sus bocas. Los hombres estaban llenos de rabia y en nosotros fue donde encontraron el depósito de toda su rabia. Bajaron del caballo de frente a tomarme, mi amigo intento defenderme, así que luchó, pero en poco tiempo lo golpearon y quedó inconsciente.

Quedé sola con, por lo menos, cinco hombres desesperados por destrozar todo que pareciera americano.

Me arrancaron el vestido entre todos y pronto estaban sobre mí, jaloneándome como fieras para comerme. Lo que más sentí es que me destrozaron los pezones mordiéndolos sin parar a pesar de la sangre. En el forcejeo golpearon fuertemente mi cabeza contra un árbol y no recuerdo más.

Mi amigo despertó cuando ya no estaban los hombres, se levantó y me vio tirada en el suelo semidesnuda y muerta. Me envolvió con mi propia ropa y me llevó cargada a mi casa.

Cuando llegué a ella, mi madre salió desesperada. Vi el rostro de mi hermana, la segunda mayor que yo, que cuando era chica hacía a veces de mi madre.

Luego las imágenes de mi madre ingresando a mi casa con mi amigo se fueron borrando.

Octava vida. EEUU. Zona California

Por los años veinte era una mujer muy bella, atractiva e inquieta. Me gustaba la vida y me gustaba divertirme. Me había casado muy joven y tenía dos hijos, un niño de 2 años y una niña de 3 meses.

Mi esposo, un trabajador entregado a su disciplina, estaba poco en casa, así que yo salía a divertirme a la primera oportunidad que tuviera. Tenía mucho sexo con diferentes jóvenes y en muchos casos me divertía con dos o tres a la vez. Volvía a casa antes de que mi esposo llegara para evitar que se enterara. Pasé un tiempo engañándolo de esta manera.

Un día mi esposo decidió tomar vacaciones y darme una sorpresa. Llegó temprano a casa y no me encontró como esperaba, vio que los niños estaban encargados con la vecina. Esperó mi llegada y se sorprendió al verme llegar con dos hombres y despedirme muy amorosamente.

Me reclamó, con mucho dolor y sufrimiento, lo que yo estaba haciendo, me arrodillé y le pedí perdón, jurando que era la única vez que lo haría, justificándome en mi soledad.

Él me perdonó, pero esas escenas se repitieron muchas veces, lo que obligó a mi esposo a separarse de mí y botarme de la casa, denunciándome como esposa infiel. Mi esposo sufrió enormemente, lloraba por toda la casa, pero yo continúe con mi vida, liberando mi necesidad sexual.

Por momentos extrañaba a mis hijos y esperaba a que él se fuera al trabajo para ingresar al cuarto del bebé por la ventana y poder darle de lactar, burlando a la cuidadora. Allí sufría mucho por no estar con ellos. El dolor era grande y no sabía cómo manejar mi necesidad sexual con mi necesidad maternal.

El tiempo transcurrió y él fue ascendido en el trabajo, lo enviaron a otro estado, sin yo saberlo, se mudó. Un día fui a a la casa y la encontré vacía. No sabía nada de mis hijos, me sentí morir, me destrocé el corazón. Lloraba todos los días y no sabía cómo dar con su paradero. Se deterioró mi salud, adquirí una enfermedad pulmonar que se complicó y me produjo un paro cardiaco cuando tenía solo 31 años.

Novena vida. Alemania

Desde muy joven miraba con cuidado al sexo. Siempre lo percibí como un acto muy peligroso y nunca supe porqué. Me mantenía alerta y alejada de esa posibilidad, era como una amenaza en mi vida.

Siempre pensé que de adolescente no había podido tener relaciones duraderas por temor a la perdida por la muerte de mi padre, pero estoy llegando a la conclusión de que no era la única causa, pues conforme corría el tiempo la relación avanzaba hacia una amenaza y esta era la posibilidad del sexo y de la perdida.

Mi adolescencia se estaba terminando y no había concretado ninguna relación, tenía más de 20 años y seguía siendo virgen.

Debía tener alguna experiencia sexual, pero no sabía cómo ni con quien. Cuando encontré las condiciones logré tener mi primera experiencia sexual, por fin. Fue la experiencia más dolorosa y horrible de mi vida.

Cuando todas hablaban de placer sexual con sus parejas yo me sentía muy lejos de sentir eso.

El sentimiento de no aceptacion, miedo y amenaza crecío, hasta que un día decidí seguir ese terrible sentimiento que no me dejaba vivir en paz.

Me trasladé a la época de la segunda guerra mundial en Alemania. Era joven y muy bella, pertenecía a la armada alemana, tenía un cargo administrativo y estaba en un centro administrativo de todos los campos de concentración judía. Había sobre mi jefes alemanes: el oficial, el sargento, el comandante y el general. Había un movimiento muy fuerte de idas, vueltas, traslados y muertes de los judíos alemanes. Sentía temor de lo que estaba pasando, aunque no sabía lo que realmente hacían en los campos de concentración. Lo que era seguro es que estábamos en guerra y tenía que colaborar.

Un día el oficial me pidió que me quedara, pues había mucho trabajo. Me quede en la oficina esperando que me dieran trabajo, pero no lo hacían. Escuché que ellos estaban en la oficina del general tomando y sonriendo fuertemente, luego me llamaron y los cuatro me miraron de manera desagradable, como nunca lo habían hecho. El general me dijo que habían descubierto que tenía un pariente lejano judío y que no era una alemana pura, ni siquiera yo sabía eso y quedé paralizada. Le rogué que no me denunciaran, que no quería dañar a mi familia, a mis padres y a mi hermanito menor. Les rogué por la vida de ellos.

Ellos dijeron que no lo harían, pero a cambio yo tenía que hacer algo. Se acercaron y el general me llevó a otro cuarto, me violó cuantas veces quiso y luego me dejó. Cada uno fue ingresando según su rango. A veces, si estaban muy borrachos, lo hacían los cuatro juntos, me quitaban la ropa, me tocaban y me prohibían gritar, sino moriría. Antes de eso yo era virgen

Entre los cuatro me violaron, de todas las formas, de manera brutal y dejaron mi cuerpo dañado.

Los días pasaron y yo seguía trabajando. Había una hora en la que lo volvían hacer, una y otra vez.

Pasaron los días y escuché por la radio que los alemanes estaban perdiendo la guerra y que en pocos días se rendirían, así que lo planeé. Escondí, en el lugar donde me violaban, dos armas que ellos dejaban en los escritorios, esperé su llegada, ellos entraron quitándose la ropa como si fuera la última vez, pues les habían dado la orden de dejar el puesto administrativo.

Los distraje bailando desnuda detrás del escritorio, saqué las dos armas y les dispare a los cuatro casi a quemarropa. Murieron todos instantáneamente.

Me vestí, salí a caminar, el puesto estaba solo, ya no había nadie. Empecé a caminar y vi de lejos cómo las fuerzas aliadas venían liberando de los campos de concentración a judíos que aún estaban vivos. De inmediato me quité la ropa que me identificaba como alemana no judía y me uní a la procesión de judíos. Cuando pasamos por un bosque de árboles muy tupidos me separé cuidadosamente y me interné en el bosque decidida a morir,

Esta imagen se fue borrando y regresé. La guerra terminó en el 1945 y en mi vida actual nací en el 45.

Decima vida. Hoy mi presente

Les contaré esta vida que contiene el resumen final de todas mis vidas, pues en ella se unen las capacidades y dones de transformar y sanar y también la necesidad de amar en libertad y ser madre.

Les contaré de mis viajes hacia mi interior y hacia el universo.

Año 1986
Inicio del viaje
Lo esencial

Tiempo atrás, hace como 33 años; época en que no viajaba en el tiempo, ni tampoco era sanadora; no había descubierto quien era yo. No hacía mucho tiempo había regresado de Huaraz, departamento de Ancash del Perú, lugar de energías encontradas, donde era muy complicado vivir, porque pocos años atrás había sido víctima de la destrucción de un terremoto desbastador, donde no había una sola persona que no hubiera perdido a un ser querido.

El denominado Callejón de Hauylas fue destruido y Yungay, una de las más bellas ciudades del callejón, fue totalmente sepultada por un aluvión producido por un desprendimiento de hielo del imponente nevado *El Huascaran*, que se precipitó sobre la laguna de Yanganuco y causó dicho aluvión, el cual convirtió la ciudad de Yungay en una laguna de lodo. Todo el callejón de Huaylas tenía un grito de dolor.

En Huaraz viví por casi 5 años y regresé a Lima por una necesidad de vivir en paz, buscando la armonía y distanciándome de los grupos políticos que se encontraban en guerra.

En este camino aprendí a meditar en un centro espiritual fuera de la ciudad, donde se le denominaba *hermano* a quien dirigía.

El hermano casi siempre dirigía las meditaciones y buscaba ayudar a que las personas desarrollasen su sensibilidad para conectarse con las fuerzas superiores. A él se le reconocía como un sanador y, curiosamente, su nombre era Rodolfo, el mismo nombre que tenía mi padre. Cómo todo se relaciona.

En las meditaciones, o retiros que allí se hacían, una vez se acercó a mí el hermano, me sorprendió cómo reaccioné frente a la energía que estaba enviando. No solo la sentí, sino que sentí que salía de mi cuerpo, le colocaba mis manos en los oídos y él se agachaba en reverencia, como si yo fuera alguien superior.

Esta vivencia me dejo muy intrigada. No sabía si era yo quien la había producido o era él. Extrañamente, cuando me preguntaba, yo misma recibía una respuesta mental muy fuerte: "eres tú".

Una noche cuando dormitaba, sentí un hormigueo muy fuerte en la cabeza, salí de mi cuerpo, me paré a los pies de mi cama y me vi. Estaba sola y sentí el peligro de alejarme mucho de mi cuerpo como si no supiera regresar, allí me convencí de que realmente podría ser yo quien emanaba esa energía.

Empecé a sentir que cuando la meditación era profunda me dolía el pecho, este dolor no me dejaba profundizar en la meditación, me di cuenta que los sentimientos me impedían avanzar. Ya no solo era parar la mente que cabalgaba, sino también tenía que ver los sentimientos.

Esos sentimientos fuertes respondían a la muerte violenta de mi sobrino; hijo mayor de mi hermana, la segunda; por un accidente producido por el deporte que el practicaba: "Ala Delta". Este accidente provocó el caos en toda mi familia.

Después de la violenta muerte por un accidente en carretera de mi padre y su acompañante, mi tío, no habíamos vivido tal dolor. Para mí, mis hermanas, mi madre y mi tía era como si hubiéramos perdido un hijo. El desconsuelo era total, pues dolía la muerte de mi sobrino y recordábamos la muerte de mi padre y mi tío.

En esa situación fue que me dediqué a aliviar con mi mano a todo el dolor que podía, empezando por mi hermana y mi madre. Noté que mi mano producía un efecto sanador, fue en ese momento cuando descubrí que mi mano tenía algo especial, diferente.

Se abrió ante mis ojos un camino revelador, aunque no sabía si era real o era producto de mi imaginación. Más allá de cuestionarlo me ganó la alegría de que tuviera en mi cuerpo algo que hiciera bien a los demás, así que cuando mis hermanas tenían un problema y yo estaba cerca les ponía mi mano en el pecho y las calmaba. En algunos casos esto resultaba, en otros lo rechazaban. Se me presentaba la interrogante de si realmente estaba haciendo bien lo que hacía.

Una noche tuve un sueño revelador. Soñé que había un accidente muy grande de varios vehículos, yo llegaba corriendo al lugar para ayudar a la gente, encontraba a un anciano en el suelo y lo ayudaba a ponerse mejor rápidamente; ya cuando lo había dejado bien, me iba a buscar a quien mas podía ayudar y encontraba un bebé que lloraba en el suelo, lo tomé en mis brazos y busqué salvarlo, pero no pude, el bebé murió en mis manos. Muy molesta pregunté "¿por qué?", la respuesta fue "no todos pueden salvarse". Me anticipé a la revelación de no poder salvar a alguien que recién empezaba a vivir. Eso quiere decir que no todo está en mis manos.

Ese fue el primer mensaje importante que recibí de parte del universo. Para mi tenía un significado muy grande. Si no todos pueden salvarse entonces ¿cómo sé a quién ayudar?, ¿cómo sé que estoy haciendo un bien y no invadiendo un proceso?

En este proceso de encontrarme conmigo misma, inicié una etapa importante en mi vida, empecé a buscar todo lo que el universo me ofrecía cerca de mí. Tomé cursos de sanación, leí libros que hablaban sobre el tema y conocí gente muy desarrollada en su camino hacia la espiritualidad. Todo me enriqueció, me dio claridad, me dio fuerza, pero especialmente me hizo tomar consciencia de que el camino lo tenía que recorrer yo sola.

Tomé las herramientas de un seminario de sanación sobre cómo alimentarte de la energía de la tierra y del universo. En ese proceso hice contacto con dos sanadores, quienes pudieron haber sido mis ángeles, los que mencioné al inicio. Era tan claro el contacto que decidí establecerlo, no negarlo, y con el tiempo tomó consistencia.

Decidí iniciar mis primeras experiencias de sanación conmigo misma. Siempre que me enfermaba era de los bronquios, tenía cuadros de resfrío muy fuertes; también solía enfermarme del riñón; y sufría de un fuerte acné en la cara. Se manifestaba con infecciones frecuentes, cálculos y cólicos. Hacía algunos años atrás me habían descubierto gran cantidad de piedras en la vesícula y me operaron de emergencia porque podía fácil vivir una pancreatitis.

A mis hijas y a mí nos gustaba mucho acampar, en una ocasión ya teníamos todo preparado para hacerlo y de pronto comencé a enfermarme de los bronquios. Campamento y bronquios no confluyen, sin embargo, decidí ir a acampar y enfrentar la enfermedad allá, así evitaría arruinarles el campamento a mis hijas. Puse un no a la enfermedad, hice conexión con mis ángeles, quienes me guiaron, y no me rendí ante la enfermedad. En los tres días de campamento la vencí.

Con el tiempo empecé a atacar los riñones y el acné que se manifestaban en mi cara, actualmente los tengo totalmente controlados. No digo que no me enferme nunca, pero cuando llegan las enfermedades es como si estuviera vacunada, me duran los procesos apenas una hora y se van.

Yo creo fervientemente que esto lo puede lograr cualquier persona si tiene fe en sus fuerzas interiores y cree en esta posibilidad. La gente piensa que solo una persona con dones lo puede hacer, yo rechazo esa idea, no creo que sea cierto. Todos tenemos la capacidad de auto sanarnos y cada uno, en su camino, va encontrando sus habilidades y su desarrollo espiritual para hacerlo.

Las experiencias de sanación siguieron intensificándose. Pasé a intentarlo con otras personas, empezando con mis hijas, luego mis hermanas y después con un amigo cercano. Aún con el temor que tenía por la duda de lo que hacía, siempre me calmaba cuando veía que la persona sanaba.

Estaba en el proceso de encontrar la consistencia de lo que yo hacía al sanar y encontrarla también en mis ángeles, a quienes en ese entonces llamaba amigos, que me guiaban y me enviaban la información. La pregunta de si estaba ayudando y no dañando siempre estaba presente, pero a pesar de mis dudas seguía avanzando.

Para mi es importante reflexionar sobre el tema, pues largo tiempo me tomó entender que antes de hacer contacto con la enfermedad de cualquier persona es requisito indispensable que esta persona crea en la posibilidad de ser curada, deseé ser ayudada y, aún más, solicite la ayuda. Si estas condiciones no se dan sería contraproducente intentar algo, estaríamos invadiendo un terreno que no nos corresponde, y entrando a un lugar donde no hemos sido invitados. No es posible ayudar a quien no quiere ser ayudado, estaríamos impidiendo el libre albedrío que todo ser humano tiene para poder elegir.

Uno puede encontrar la respuesta y el momento preciso, cuando el momento lo pide, no antes ni después.

Acompáñenme a leer el siguiente texto que me inspiró y ayudó a entender el punto que me causaba conflicto.

¿Qué debo hacer cuando veo
que algo no está bien
y no soy responsable
el daño que otros causan?

¿En dónde se encuentra el punto
de mi conciencia por hacer el bien?
¿En dónde se encuentra el punto de respetar
el propio camino que cada uno es libre de trazarse?

¿En dónde se encuentra el punto de
evitar errores que tienen que vivirse?
¿En dónde se encuentra el punto
de evitar daños irreparables?

¿Qué debo hacer?
¿Cómo encontrar en mí
la sabía ayuda que el momento pide?
Sin bloquear procesos
Ni detener caminos.

¿Cómo abrir la mente
y sentir las señales de ese plan divino?
que nos traza la línea,
domina el alma, respeta todo
y no juzga a nadie.

Buscando en el fondo
la luz que ilumina todos los caminos.
Que al final llegamos
con la misma cara
y con la misma alma.

Primera estación del viaje
Mirada interior

Empecé a reflexionar sobre nuestro interior, cómo funcionamos desde lo más elemental, como el tic-tac; la respiración; el fluido de la sangre; los sentidos; las sensaciones; y los pensamientos, a veces calmos o a veces revoloteando y desordenados. Eso somos primariamente, a través de todo esto nos conectamos, nos miramos físicamente, nos comparamos, medimos nuestras posibilidades, aprendemos, nos amamos, nos respetamos y nos cuidamos, es decir vivimos.

Estar solo con uno mismo es saber qué pasa con nosotros internamente, cómo funcionamos, ser consciente de lo que somos y a dónde queremos llegar. Ser consciente de nuestras partes malas y de nuestras partes buenas. De lo que yo estoy convencida es que nosotros no somos pensamiento ni somos sentimiento, somos más que eso, tenemos que descubrir quienes realmente somos y, sobre todo, quién es el que manda, quién es el dueño de ti.

Cuando tu meditas ¿reflexionas?, ¿estás solo contigo mismo?, ¿observas tus pensamientos, que en la mayoría de los casos se aceleran?, ¿percibes sensaciones fuertes que producen malestares físicos? Entonces ¿quién eres tú? Eres el que observa. Empieza a diferenciarte y encontraras tu verdadero yo, vívelo.

Observa la energía en tu cuerpo, la tienes siempre y por ello puedes hacer las cosas de tu rutina diaria, pero observa que pasa cuando no comes adecuadamente o tomas mucho, es realmente distinto tu funcionamiento y claramente tu cuerpo trabaja el doble para sacarte del desequilibrio. Pregúntate cómo hace esto; si tú no diriges la orquesta, entonces ¿quién lo hace? Entérate de cómo camina toda esta maravilla del cuerpo humano sin que tú le digas nada.

Tu campo energético funciona, te defiende aun cuando no seas consciente de su existencia, ni lo utilices. A pesar de que hagamos desorden alimenticio, ensuciemos conductos de energía y, en algunos casos, abramos huecos en nuestra capa protectora, el cuerpo y sus campos siguen adelante.

Nosotros estamos constituidos por moléculas de luz que se mueven a gran velocidad, unas más rápido que otras. La forma en la que estas moléculas se comportan va generando cambios. Estos cambios tienen una razón de ser, ya que van formando una telaraña y abriendo posibilidades en una diversidad de funcionamientos perfectamente sincronizados para apoyarse entre sí. Así se forma una célula, el inicio, la esencia del funcionamiento; como lo que una semilla es para la planta.

Señores, nosotros estamos llenos de células que tienen diversidad de funcionamientos en nuestro cuerpo y son parte de nuestra protección a los órganos vitales. Tenemos millones que se van renovando.

Seamos conscientes de cómo funcionamos. Vivimos de espaldas a nuestra naturaleza. Si les damos mala información a estas células, por falta de cuidado físico o emocional, ellas ya no nos protegerán. Dañaremos nuestro sistema natural, así como dañamos nuestro eco-sistema en el mundo.

Lo que tenemos que entender es que lo que hacemos con nuestra vida afecta el futuro de la vida de muchos seres humanos, no queda solo en nosotros, va mucho más allá de lo que nuestra imaginación puede alcanzar a vislumbrar.

Lo cierto es que todo esto está inclinado a recuperar nuestra fuerza interior. Cualquier incentivo externo, inhibe tu desarrollo interno, en la mayoría de los casos la bloquea. Nuestro acto más supremo es reconocernos y saber lo que realmente somos capaces.

Mi experiencia es única, porque la de todos es única. Desde que era muy joven soñaba mucho y, siempre que podía, creaba un mundo de fantasía a mi alrededor. Pero en ese juego o sueño, cualquiera que fuera este, yo nunca participaba y mucho menos era protagonista. Mis sueños eran hermosos y me gustaba soñar, aunque no fuera parte del sueño, solo su creadora.

¿Cuál es la línea a seguir en este caso? Para mí fue descubrir en donde estoy integrada y en qué lugar soy protagonista, porque lo que me inquietaba era mi desarraigo de todo lo que se expresaba en mi vida cotidiana.

Tenía una familia grande, por lo que no tenía vida propia, vivía a través de la vida de los demás, de mis hermanas, de mis padres, de mis amigos. Siempre sentí que vivía y no vivía realmente, era como una espectadora que no pertenecía a ningún lugar. A veces yo misma me preguntaba si mis padres eran mis padres, por momentos realmente los sentía extraños a mí.

Inicié la búsqueda de la línea del sentimiento para ver a dónde me llevaba a través del tiempo.

Muchos sueños que tuve en diferentes momentos de mi vida eran de extraterrestres que venían por mí, me decían que era hora de irnos a casa. También, sin soñar, entendí que un sentimiento fuerte era el deseo de irme de casa sin ninguna razón real.

Cuando era niña, por las noches planeaba cómo podría escaparme y dónde podría pasar la primera noche para protegerme. Estos sentimientos sucedían con frecuencia, incluso ya casada y con hijos. Se convirtió en una angustia soñar con irme y con los seres extraños que me querían llevar, pero en esos sueños siempre decidía quedarme porque tenía a mis hijas a quienes quería mucho.

Conforme ha pasado el tiempo me he vuelto consciente de que los sentimientos de tristeza profunda y nostalgias se relacionaba fuertemente con mi deseo de irme.

Los cinco años de primaria fueron malos, fui la peor alumna del salón. No recuerdo haber escrito nada en ningún cuaderno, ni recuerdo haber abierto un libro para estudiar. No se cómo pasaba de año, pero pasaba.

Vivía en una marcada desconexión del ambiente. Mis sueños, el mundo irreal parte de mi imaginación, mis sentimientos, mis deseos de partir, esa extraña sensación de no ser parte de nada y mis fantasías fueron vividas de una manera constante en las diferentes etapas de mi vida, y se manifestaron en diferentes momentos, en el presente y se proyectaba al futuro. A todo esto, yo me conectaba tratando de entenderme.

Esto para mi es una línea de sentimiento que se manifiesta en la historia, una constante que marca un comportamiento inexplicable.

Amigos, estamos llenos de comportamiento inexplicables, pero debemos caminar por donde ellos nos llevan para entenderlos, descubrir quiénes somos y de dónde venimos. Aunque ustedes no lo crean, esas son pistas valiosísimas para entender lo que nos atormenta con frecuencia y que significa.

Normalmente a estas manifestaciones no solo la negamos, sino la descartamos, y con ello cerramos la maravillosa posibilidad de recorrer nuestra vida milenaria. Vivimos sordos y ciegos de nuestra verdadera historia. Amigos, hay que recordar, hay que abrir la puerta y mirarnos a profundidad.

No olvidemos que la manera de ingresar a nosotros mismos sin duda es la meditación. Para mi hay más maneras, podríamos decir la antesala de la medicación.

Cuando era niña planeaba mis sueños, y los desarrollaba por capítulos, esperaba cada noche para continuar con el siguiente capítulo, era muy feliz haciéndolo.

Se puede soñar despierto y volar con la imaginación. Para mi esa es la antesala de la meditación, porque al hacerlo estas relajado, centrado en el sentimiento sublime, y muy feliz. Para mi se trata un proceso que te facilita entrar a la meditación.

Conozco muchos jóvenes y también gente mayor, que le cuesta meditar, no le es fácil relajarse, pero estoy segura de que muchos de ellos pueden echarse a descansar e imaginarse cosas bellas mientras dormitan, cosas que les gustaría hacer, resolver, se hacen ilusiones, hacen planes imaginarios de mejoras, en fin, eso para mí es la antesala a la meditación.

Es como un ejercicio, yo lo practico desde que era niña. Cuando me acostaba en la noche siempre me desvelaba, mi diversión era mirar los maderos del techo e imaginarme muchas cosas que me hacían muy feliz, hasta que el sueño me vencía.

Pasó el tiempo y me enteré de la existencia de la meditación y lo valiosa que era, me fue muy fácil asumirla pues, de alguna manera, ya me encontraba entrenada para realizarla.

Lo que quiero decir con esto es que todos pasamos por el mismo proceso de soñar, e imaginarnos cosas. La capacidad de inventiva nos es inherente a todos, solo tienes que reconocer que está en ti, y que puedes, aun de adulto, revivirla, recrearla, jugar a los sueños contigo mismo y esa será la antesala para utilizar la maravillosa herramienta de meditar y acercarnos a nosotros mismos.

Estoy convencida de que en eso y en todo somos lo mismo, uno solo, pero con diferentes caminos.

Como seres únicos ustedes tienen que encontrar las manifestaciones constantes en su vida y mirarlas, encontrarles el sentido, tal como yo les señalo a través de mi experiencia, porque no son totalmente ajenos a las suyas. Yo intento hacer que las recuerden.

En el desarrollo espiritual, nuestra consciencia y nuestra vida se basa en vivir el aquí y el ahora, lo demás no existe, solo es una posibilidad. Creamos nuestra historia, desarrollamos nuestro espíritu, cuidamos nuestra salud, cambiamos nuestro modo de actuar y nuestros pensamientos. Esta información es tomada por nuestros átomos, nuestras partículas, nuestras células por todo nuestro ser, y empieza haber cambios biológicos, físicos, anímicos y de desarrollo intelectual. Como señala Deepak Choppra "podemos realizar cambios hasta en nuestro ADN".

Sin duda tus conexiones con todo ser vivo, con los alimentos que tomas y con la energía que está en ti, y en todas partes, va produciendo cambios sustanciales en la forma en la que ves el mundo y lo que necesitas realizar en él. Te llevará a abrir tu memoria y reconocer quien realmente eres en tu historia milenaria.

Ahora pondré otra inspiración sobre el tema:

Me miro a través del ojo interno,
de adentro hacia afuera se dispara
y veo formas, caras, animales, movimiento.
Las nubes son mi pincel, y las montañas mi pergamino.

Mi ojo ve la realidad como deseo.
Hay más de lo que el ojo ve.
Todo parece hablarme.
Me pierdo en la forma, extasiada por lo nuevo.
Todo tiene vida, todo se expresa, hay mensajes,
no lo vemos, no lo oímos, se escapan, se van.

Se perdió el camino de encontrarlos.
Todo tiene vida y estamos muriendo por no saberlo.
Mi viaje interior perdura.
El externo se acaba siempre el tiempo lo mide.

Dos mundos valiosos que recorrer,
sensaciones distintas,
belleza en extracto, en potencia.

El ojo se acomoda, el oído se multiplica,
el sentimiento se abre.

El mundo doble aparece,
estamos en dos lugares,
son propios en el infinito
y cuando mi imagen se refleja aquí
Soy dos,

O más…

Ahora pondré otra inspiración de mis desvelos de la infancia

Los maderos arriba me acompañan
cuando dormida despierta estoy.
Son árboles en reposo,
como surcos de la mano van,
fluye el río de las ideas

y no logro soñar.
Mirando estoy mi carretera vida sin reconocer
cuál es la parte que me toca vivir.

Y yo solo tengo que recordar ese es el designio,
voltear la mirada interna y encontrar mi propiedad,
abrirte paso en la vibrante selva en pena,
atravesar el muro de dudas y vencer el acantilado de temores,
mirar solo el azul sereno de todo acto mortal,
Y solo así me lograré reconocer.

En el calendario está,
ese será el día que empezaré a morir en paz.

Segunda estación del viaje
Conexiones

Me detengo para mirar lo que significa estar conectado. La calidad de vida de todos depende mucho de cómo cada quien conecte con ella. Puedes estar en un lugar, cualquiera que fuera este, y no sentir todo lo que pasa a tu alrededor. Probablemente han pasado muchas cosas de las que no fuiste consciente, ni siquiera te enteraste, aunque hayas estado muy cerca de la situación, es decir que te pierdes muchas cosas. Es importante desarrollar tu sensibilidad, activar ambos hemisferios de tu cerebro; así mejorarás tu capacidad de comprensión, de oportunidades, de decisiones y muchas otras más.

Créanme, hay una gran diferencia entre escuchar con detalle lo que hablan todos y estar conectado con el trasfondo de lo que se dice. Puedes leer un libro y saber de qué trata, pero no conectarte con el fondo. Hay una diferencia entre la conexión que la mente establece para su entendimiento y la conexión de tu consciencia con el tema.

Las conexiones están en el universo y en la tierra. Nosotros las tenemos en ambas dimensiones. Cuando meditamos nos conectamos con nuestro universo interior y hacemos también conexión con nuestro universo superior. Arriba y abajo se interrelacionan. Recogemos información valiosa del universo y nos nutrimos de ella. La ida y vuelta nos va desarrollando, cada vez que recogemos información más esencial porque ese ida y vuelta va tomando consistencia.

En la medida en la que decidamos creer en este espacio del espíritu, que es parte nuestra, se abrirán puertas indescriptibles. La falta de fe nos hace creer solo en lo que tocamos y vemos, nada más; pero somos mucho más allá que este espacio. La falta de fe hace que nos reduzcamos y conectemos solo con la materia.

¿Cuántas veces en nuestra vida hemos tenido problemas por tomar una decisión al grado de no lograr decidirnos y querer que otro decida por nosotros? Eso es comodidad o debilidad. Cuando estas conectado contigo mismo sabes lo que quieres y lo eliges, aun así seas analfabeto. Tus propias conexiones te dan una sabiduría interna. Esa sabiduría no te da conocimiento porque, aunque este es necesario y valioso, es externo a ti. No hay mejor camino para conectarte contigo mismo y tu propia sabiduría que descubres iniciando con la meditación.

Estar conectado, es saber cómo descubrir las conexiones que movieron muchos cordones en tu vida. Nosotros estamos conectados a todos y a todo, es más, somos una sola conexión, y de esa gran conexión viene toda la información, la memoria, los conocimientos, los sentimientos, la sabiduría innata, la energía que nos alimenta, la magia, lo sobrenatural, lo terrenal, los mundos, los estadios, las esferas, las líneas, la atmósfera, planos, los astros, las dimensiones, es decir todo, todo lo que tiene que ver con nuestra vida y lo que tiene que ver con la vida de todos, incluso con el universo. Todo está conectado.

Cuando decides a acercarte a ti mismo, te aproximas a un mundo más increíble y lo empiezas descubrir. Todos venimos de algún mundo en el universo.

Nuestras vivencias son pistas que nos permiten ver el camino que tenemos que recorrer, y este camino es único.

Todos en algún momento hemos tenido vivencias inexplicables, presentimientos y visiones que nos han causado sorpresas e interrogantes. Acordémonos de ellas y no las anulemos, dejemos que sean parte de nuestros recuerdos, busquemos volver a sentirlas y encontrar en ellas las conexiones que se movieron cuando sucedieron. Hagámoslas más conscientes.

En el universo tenemos muchos ángeles que nos protegen y nos dan información cuando las necesitamos. Si estamos conectados con nuestro interior nos llegará la información con claridad

Les contaré un caso, que está relacionado conmigo. Muchos años atrás, mis hijas eran pequeñas y yo solía llevarlas en mi carro al colegio. Me dirigía por una pista de tres carriles, yo iba a la izquierda, el coche del carril del centro estaba más atrás que yo y el coche en el de la derecha estaba más adelante que yo. Llegamos a un cruce que no era preferencial, un poco más allá de media cuadra se apareció la imagen de un carro blanco y de inmediato me detuve. Los otros carros continuaron, y vi el carro blanco que cruaba de forma imprudene, escuché un frenón muy fuerte y sentí un pequeño choque del carro que estaba a la derecha. El sentido del tránsito era de izquierda a derecha, quiero decir que si no me hubiera detenido habría sido la primera en recibir el impacto. Con mis hijas pequeñas adentro, podrían haber sido graves las consecuencias. Si yo no hubiera estado conectada, probablemente no hubiera tomado en cuenta la aparición de la imagen y hubiera sufrido un choque del costado izquierdo, donde nos encontrábamos yo adelante y mis hijas atrás.

Estas son las vivencias que tenemos que aceptar como valiosas, que nos coloca en estado de alerta al recibirlas y se convierten en parte de nuestra vida. Esta información nos llega de muchas maneras, por imágenes, por transmisión de pensamiento, por los sueños, por presentimientos. Por eso nuestra conexión se van desarrollando en la medida que aceptamos que esta dimensión espiritual es parte nuestra.

Nos aceptamos como seres humanos potenciales e interrelacionados en los campos físicos, emocionales, energéticos y espirituales.

Nosotros recibimos mensajes, señales para indicarnos por dónde va el camino, así evitamos problemas y aseguramos que las decisiones que tomemos sean las que nos favorecen para el desarrollo de nuestra vida. Sin embargo, estas señales, en la mayoría de los casos, no las vemos, no las captamos, no las sintonizamos; porque no hemos sido educados para creer que esta posibilidad realmente exista.

He tenido visiones que me han salvado la vida, como evitar cruzar manejando una bocacalle porque sentí la presencia de un enorme bus a mucha velocidad y una gran sensación de peligro. Si no me hubiera detenido el choque hubiera sido realmente peligroso, me habría hecho mucho daño y, quizás, me habría matado. Como esta experiencia he tenido muchas y me siento agradecida por haberlas vivido, sobretodo por haber decidido tomarlas en cuenta.

¿Han oído casos de que un personaje se ha aparecido para indicarte que no hagas algo y que vayas por otro camino?, ¿o que alguien haya aparecido a ayudarte cuando tenías dificultades en el transito y que luego estos personajes o ángeles hayan desaparecido? Cuando has volteado a agradecerles ya no estaban.

Ellos se conectan con nosotros, buscan hacernos llegar el mensaje para ayudarnos y se aparecen con diferentes formas, físicas, ya sean jóvenes, de mediana edad, o hasta ancianos.

Un caso que siempre recordaré es cómo uno de estos ángeles salvó la vida de mis hijas. De niñas eran muy inquietas y cuando íbamos a la playa les gustaba trepar los cerros. Me contaron que una vez estaban regresando, pero no recordaban el camino, así que empezaron a seguir las huellas de uno. De repente, un joven trepado en la punta de un gran cerro rocoso en el mar, les silbó, les hizo un gesto con la mano diciendo "no" y les señalo, también con la mano, por dónde era el camino. Mis hijas regresaron y tomaron el camino que el joven les había señalado. Cuando avanzaron se dieron cuenta de que si hubieran seguido por el camino en el que iban se hubieran desbarrancado, luego tomaron consciencia de que era imposible que un joven pudiera estar parado sobre la punta de un cerro rocoso en el mar tan difícil de trepar y, sobretodo, tan grande. Voltearon a ver el cerro, pero el joven ya no estaba.

Muchas de estas situaciones se presentan en nuestra vida. Desarrollando tu sensibilidad y mucha fe podrás recibirlos, te ayudaran mucho, no solo en el peligro, sino también en el trabajo, en los viajes o en cualquier situación en tu vida diaria.

También hay otro tipo de mensajes que te llevan a conectarte con la naturaleza, así ella te regalará y te ofrecerá elementos que te bendigan. Me pasó en un viaje que vale la pena mencionar:

Me encontraba viajando en la carretera de mi país, por la costa, la sierra y ceja de selva. Nos dirigíamos a un Centro Arqueológico Inca llamado, en quechua, "Kuntur Wasi", esto quiere decir "hogar". Las ruinas se podían ver subiendo un cerro, era un templo ceremonial que tenía canales subterráneos de agua; cuando se realizaba las ceremonias el agua ingresaba con fuerza por estos canales produciendo un fuerte ruido, como si fuera un rugido. En la entrada había un pequeño museo y al costado, casi a la espalda, estaba el cerro donde se encontraba el Centro Arqueológico.

Empecé a subir sola y sentí la imperiosa necesidad de buscar algo en el suelo, miré una piedra casi redonda, diferente a las demás, y escuché una voz dentro de mí que me decía "recógela y busca otras"; caminé unos pasos y miré otra muy parecida a la anterior, casi redonda, de inmediato la recogí; por tercera vez, unos pasos más adelante, volví a recoger otra piedra similar. En mi mano tenía tres piedras muy parecidas, aunque con ligeras diferencias, las miré bien y de inmediato comprendí que cada una tenía un significado. Mi voz interior me dijo "salud, amor y abundancia".

"Kuntur Wasi", esa tierra que albergó costumbres de nuestros antepasados, había decidido regalarme esas tres cosas para mi hogar, las traje conmigo con mucha fe y esperanza. Estoy segura de que estas me protegieron de las adversidades que tuve que enfrentar en los siguientes años.

Los mensajes que te llegan los recoge y los visualiza tu intuición. Las corazonadas y los presentimientos están presentes siempre en nuestra vida. ¿Cuántas veces has vivido situaciones que sientes ya haberlas vivido antes?, ¿cuántas veces te has detenido, sin saber porque, y por ello te has salvado de un peligro que venía? Estamos llenos de mensajes, nuestro desarrollo de la percepción de los mismos es clave.

Ustedes se preguntarán ¿cómo desarrollamos nuestra percepción? Desde mi propia vivencia lo he logrado haciendo contacto con la energía del amor. Si se preguntan cómo lo hago, es a través de la meditación. Cuando meditas empiezas a crear la unión de tu campo físico con tu campo espiritual superior y vinculas tu conciencia con la suprema verdad. El amor.

Tenemos protección, si estamos conectados con la verdad universal, la energía blanca y la del amor, el universo nos protege como el oro del sol..

La verdad en esta vida terrenal se mide por tus acciones. No puedes inventar o fabricar la verdad con palabras bien dichas, por bellas que sean estas. Puedes interpretar los hechos a tu antojo, pero la verdad es una sola, está en tu consciencia y también en la consciencia colectiva, esta siempre prevalecerá.

Podemos citar muchos hechos bárbaros en la historia que se intentaron ocultar, pero que al final salieron a la luz. El ser humano, a través de su consciencia, siempre buscará conectarse con la verdad.

La fuerza divina es la fuerza del amor en tu corazón que se vincula con la energía del amor en el universo, por eso el vacío emocional que te conduce a muchas situaciones inconvenientes en la vida es nada menos que la ausencia del amor en tu corazón.

En realidad el vacío no existe, lo crea la mente, y lo único que nos trae es sufrimiento, nos lleva a tener una vida con decisiones permanentemente equivocadas. Es probable que mucho de ti se haya detenido a observar tu vida y lo que ve es un camino totalmente a espaldas de tus verdaderas ilusiones. Reconócete, entiéndete, mírate y, solo así, podrás tomar el timón de tu vida, cambiar los sufrimientos para convertirlos en caminos hacia la paz.

Un recipiente aparentemente vacío en realidad no lo está, ya que está lleno de la energía del material que lo compone. Todos los vacíos que pudiéramos señalar tienen una consistencia y una función concreta en la vida de cada persona, porque el vacío es lo que conecta todo lo que existe. La información personal y la trama de cada uno se interconecta con la información personal y la trama de cada miembro de toda su familia, que su vez se interconecta con la información y tramas de personas allegadas. Todas las personas se relacionan con la información y las tramas de la tierra y el universo.

Nuevamente, el vacío es producto de la mente y la meditación la desarma. Tú eres único en el tiempo, no eres solo lo que hoy representas, eres mucho más que los 20, 30 o 50 años de vida que tengas, eres un cumulo de experiencias de muchas vidas.

Te dejo otra inspiración sobre un tema difícil de verbalizar. Te lo dedico.

Cuando era niña
jugaba a mirarme en dos espejos.
Solo alcanzaba a ver,
con la ayuda de mi imaginación,
el posible final del túnel profundo
de miles de caras.

Me gustaba verme repetida,
me gustaba saber

que yo era muchas
y no una sola.

Hoy, me miro en el espejo.
Solo miro el túnel interno
de mis emociones.
Puedo ver las múltiples vidas que llevo dentro,
donde se desglosa, hoja por hoja,
cada sentimiento que perturba el alma
y que tiene historia llena de verdades
que conecta todo, que explica todo
lo que ahora atormenta sin saber por qué.

Es un privilegio
tener la memoria de mirar el túnel
y tomar en mano todo lo que fuimos
y no somos más.

Es un privilegio
sentir la experiencia
de todas las vidas que me acompañaron,
las que todavía viven muy dentro de mi.

Es un privilegio
saber que pasaste como luz fulminante
y que ahora miras todas las estrellas
que te iluminaron en tu largo andar.

Mi Agradecimiento a los dos espejos
que llevo mis ojos más lejos que yo,
y en la lejanía descubrí muy cerca
que yo era muchas y no una sola.

Hoy inicia en mi país la primavera, según calendario, pero el clima hace unas semanas se enfrió marcadamente, parece que el invierno no se quiere ir, se siente que el clima quiere expresarnos algo importante.

Hay tormentas continuas por la zona de Miami, Florida, hay destrucción y muerte, las olas climáticas llegan aquí cambiando su curso. Casualmente llegó a mis oídos un documental sobre el clima, el cual es preocupante y nos involucra a todos los seres humanos. En mi país el deshielo se expresa a pasos agigantados, se dice que en 14 años aquí no vamos a tener agua para beber.

Seguimos contaminando y no paramos de convertir el hábitat en nuestra propia amenaza. ¿Cómo podemos curarnos si estamos enfermando nuestro entorno? Todo está conectado, somos uno solo con toda la existencia del mundo.

Obviamente estamos en un camino de encontrarnos con nuestra consciencia y empezar a buscar cambiar desde nosotros, con nuestros actos, pensamientos y sentimientos; eso nos llevará a involucrarnos con la consciencia colectiva, que es muy poderosa, para lograr fortalecer en nosotros sentimientos de respeto y amor de nuestra madre naturaleza, entender que nuestro deber es conocerla, entenderla, cuidarla y amarla. Simbólicamente hablando, es lo mismo que podemos hacer con nosotros y con nuestros seres queridos. Establecer la relación con todo lo que nos rodea de la misma manera y buscar el equilibrio de conexiones. Eso nos permitiría alimentarnos mejor de la energía y la luz que vienen permanentemente del universo.

Es muy importante trabajar las conexiones múltiples que tenemos con todo lo que nos rodea, hay que activarlas para alimentarnos de ellas diariamente, ya que son conexiones vitales, como tomar agua y respirar. Estas conexiones se activan cuando miras el horizonte, cuando amanece, cuando cae el sol, cuando la luna sale, cuando ves los colores que las plantas te ofrecen y hueles su aroma, cuando escuchas el canto de un pajarito, el ruido del mar, del agua; esas son algunas de las muchas conexiones que existen y nos hacen vibrar interiormente, que nos alimentan, nos dan el bienestar y salud. Las necesitamos diariamente.

Sabemos que la ciudad no alimenta en ese sentido, el cemento lo impide, por lo que cada cierto tiempo buscamos salir de la ciudad, ir a la playa o al campo. Casi siempre decimos que nos relajamos porque vamos de paseo, pero eso no es tan cierto, nos relajamos en buena cuenta porque estamos en contacto con la naturaleza y por ello lo celebramos. Claro está que tenemos diversas formas de celebrarlo: hay quienes se relajan en compañía de la familia, o su pareja y disfrutan de la observación y el silencio; también hay quienes beben, bailan y se enloquecen hasta quedar medios muertos; otros nadan en el río o en el mar, hacen caminatas, viven aventuras. En fin, hay muchas formas de expresar lo bien que nos sentimos estando cerca de la naturaleza.

Actualmente estamos viviendo en el país una ola de frio muy fuerte, estuvo así hace unos meses en Europa. También los volcanes han cambiado, se están activando y causando destrucción y muerte.

¿Qué hace que la naturaleza se manifieste de manera distinta a lo que siempre se ha manifestado?

En esta era, sin duda, hay una gran vibración, ya que todo está cambiando; la consciencia colectiva está despertando y estamos viendo con claridad lo que está y no está bien para nosotros. Estamos tomando más decisiones y abriéndonos paso. Esa actitud produce nuevas vibraciones en la tierra y en el universo. Vibración de cambio, de innovación, de nuevos horizontes. Se siente con más claridad la energía de consciencia.

Así como nosotros despertamos, también la naturaleza responde a esta nueva vibración. Estamos conectados, no somos entes aislados, todo lo que tú haces genera un efecto que se multiplica e influye indudablemente en tu entorno, de forma colectiva y universal.

Nuestra realidad está en permanente cambio y este es un movimiento que no puedes detener.

Increíblemente, en nuestra formación nos han enseñado que lo mejor es evitar el cambio, pues es más seguro que todo esté igual siempre. Lo único que esto produce es daño en el desarrollo general de todo. ¿Puedes acaso detener el crecimiento de una planta o árbol?, ¿puedes detener el cauce de un rio, las olas del mar o las puestas del sol? No se puede porque fluye, independiente de nuestra voluntad. Entonces ¿por qué creemos que nosotros si podemos detenernos? si somos parte de la naturaleza.

Estamos desconectados de la naturaleza, vivimos a espalda de ella y de nosotros mismos, perdemos nuestra condición de ser.

Necesitamos recordar siempre lo que somos y este poema nos habla de ello, sobre recuperar nuestra identidad perdida en la gran ciudad. Aquí hay otra inspiración para ti:

¿Qué hay de ti cuando miras un crepúsculo de invierno?
Cuando de lejos señalas el mayor verde de un bosque
que se aleja disminuido en un parque.

¿Qué hay de ti cuando caminas despacio buscando en cada paso
el murmullo azul perdido?
Cuando abrazas el sol reflejado en el agua
y despiertas un día poseído por el alba en propiedad ajena.

¿Qué hay de ti en la alegría que se disipa
en el reloj atrasado?
Que palpaste su textura
cuando te abres paso en el alma
y retrocedes perdido sin encontrar la salida

¿Qué hay de ti cuando la nostalgia llena tus ojos
de una vida que se aleja sin saber que era la tuya?

¿Qué hay de ti en todo?
¿Qué hay de ti en nada?

Solo dime qué hay de ti en algo

Después de un tiempo me vuelvo a animar para hablar sobre Grecia. Tras ese viaje me tomó tiempo volver a mi casa en Lima-Perú, y creo que una parte de mi todavía se encuentra en Grecia y que nunca dejará de estar ahí, aunque quizás nunca vuelva físicamente.

Para mí ese viaje fue la experiencia más reveladora de mi vida. Definitivamente pertenezco a ese lugar, a la hermosa Grecia antigua, con su historia, su mitología, sus personajes y sus

Dioses; sus templos y pueblos en ruinas que, actualmente, se encuentran en proceso de restauración.

Lo que sentí en ese país fue que alguna vez yo estuve allí, caminé entre los templos, contemplé casi el mismo paisaje que se observa hoy, respiré el mismo aroma, sentí el mismo ambiente y me conecté profundamente con cada colosal columna cuya inmensidad me estremecía al recorrerla de arriba abajo con la mirada, y de esas había muchas.

Percibí lo bello e imponente, aunque estuviera en ruinas, imaginé por un segundo cómo debió haber sido su funcionamiento y me conecté con el pasado del lugar, o sea con mi posible pasado. Ingresó a mi cuerpo un manantial maravilloso de amor, de belleza y de inmensidad, un lugar donde no había límites para amarme a mi misma ni para amar a todo y a todos. El gran amor que movía todo permitía que sus creencias se concretaran en maravillosas construcciones, templos, ciudadelas y esculturas, no solo por su tamaño, ni por el oro y mármol que utilizaban como material, sino por la perfección de las mismas que con solo mirarlas te inspiraba los sentimientos más elevados, que confluían y se condensaban en uno solo: el sentimiento del amor.

Muy estremecida y emocionada caminaba como si estos lugares sagrados fueran mi casa, y creo que en algún momento lo fueron.

Sintiéndome nuevamente dividida, me separé de lo que ahora soy, viajé en el tiempo a conectarme con la que fui y encontré la fuerza del amor manifestado abiertamente, principalmente hacia mí misma, y la búsqueda de la belleza como elementos esenciales en mi vida.

El amor hacia todo y el amor hacia alguien especial. Sentí por instantes fugaces su energía, su fluido, su fuerza vibradora que me rodeaba por fracciones de segundos.

En ese maravilloso lugar amé, amé mucho, y quedé sumergida en el amor antiguo, en el amor de los siglos. Cuando volví a mi presente sentí que ese amor no era igual, su calidad no era la misma. Me preguntaba qué había pasado, ¿cuándo sucedió el quiebre?, ¿en qué momento perdí el camino hacia el paraíso?

Mis padres me dijeron que no estaba en Atenas la antigua para sufrir, el quiebre no era para vivirlo allí, sino en otro lugar, en otro tiempo. Allí solo debía de alimentarme de mi origen, beber todo lo que podía de él, hacerme fuerte, reconstruirme, tal como lo hacían en Atenas, reconstrucción de los templos, armar el rompecabezas de las piezas que encontraban enterradas, eso, eso mismo yo tenía que hacer, reconstruir mi origen.

Amor, no sé cómo decirte,
a veces te detienes y tu aroma se va,
no estás en mí, no estoy en ti,
aunque el viento señale su presencia

Amor, a veces un instante infinito de luz
paraliza el mundo en mí.
Con solo rozar el color de un pétalo perdido
me baño con brisa del alba.

Amor, sin palabras vibrando me hallo,
buscando lo mismo en la inmensidad,
allí todo brilla con intensidad.

Bebo la suavidad de un manantial
y todo lo encuentro de otro color.
Como alimento ferviente me lleno de ti

Amor, rodeada estoy en una cálida frescura,
de sonrisa amplia que me vuelve gigante
y abrazo al mundo.

No importa dónde estoy,
esto no se acabará,
el amor está en mí.

Lo cierto es que en Grecia tomé consciencia de que tan conectada estoy a la energía del amor y la búsqueda permanente de la belleza. De allí viene.

Cuarta estación del viaje
Año 1997
Sanación

Descubrir que mis manos pueden aliviar fue todo un proceso increíble de asimilar. Para comprobar el descubrimiento empecé probándolo conmigo misma, fue allí donde me di cuenta que no solo eran mis manos, sino que iba involucrando más elementos: en mi imaginación visualizaba colores y formas dentro de mí, me llegaba la información a través del pensamiento y la sensación en las manos. Mis manos me informaban a través del hormigueo fuerte sobre la energía desordenada, cuando se hinchaban significaba enfermedad y cuando me dolían era mucha tensión.

Pronto me di cuenta que poner mis manos directamente en el cuerpo no era mi camino, podía realizarlo si era necesario, pero solo con personas de mi misma sangre, familiares directos. Lo recomendable, en mi caso, es a distancia, porque las energías que vienen de las enfermedades pueden ser muy fuertes y tengo que estar protegida.

En este proceso empecé a visualizar y recibir información sobre lo que pasaba adentro del cuerpo, eventualmente se volvió más claro y contundente lo que veía y escuchaba a través del pensamiento que aquello que las manos me mostraban, así que me incliné por el pensamiento, aún así las manos no dejaron de participar.

Identificar las energías es muy importante, estas tienen su propio lenguaje, dirección, sintonía o código determinado.

Cuando hay un desequilibrio energético que ordenar o una energía densa el órgano o lugar del cuerpo afectado está relacionado con un sentimiento que aqueja y se ha depositado en ese lugar. En la mayoría de los casos son tres o cuatro sentimientos, estos se manifiestan con figuras geométricas, la figura depende de cuantos sentimientos estén acumulados en el corazón. Cuando hay tres sentimientos cada uno se visualiza como una punta y se ven amarrados entre si formando un triángulo; si son cuatro sentimientos se ve un cuadrado; y así podemos encontrar varios triángulos, cuadrados u otras figuras dependiendo que tanto la persona haya trabajado o no sus problemas emocionales. Con este proceso también podemos visualizar si uno o varios sentimientos están amarrados a otra vida y vinieron con la persona. Esto habría que desactivarlo de inmediato para liberar la presión que sufre la persona, pues no puede resolver los problemas de otra vida, ya tienen bastante con los de ésta.

El universo recibe información y se conecta a través de figuras geométricas, el trabajo del paciente es desactivar y desarmar las figuras geométricas que están incrustadas en su corazón, así se conecta con el universo y recibe ayuda del mismo.

Equilibrar energías es tomar de la luz blanca que viene del Universo, bañar la zona afectada de manera intensa y ver como esta intensidad se acomoda, fluye en armonía con todo el movimiento del cuerpo. Cuando hay manchas negras en el órgano afectado este procedimiento también las elimina.

La energía blanca transforma y reestablece; la energía del amor revive lo que está muerto. Y la energía del oro la determina. Con mis guías sanadoras las tres energías en conjunto logran que se produzca un acto de orden divino, inexplicable con las palabras. La energía del oro es la que determina al final de la sanación, lo define todo.

Lo único que hago es inclinarme ante lo transcendente y milagroso que se realiza a través de mi, soy un canal, y este canal solo realiza el 50% de la sanación, el otro 50% es participación y decisión de la persona que quiere sanarse.

No olvidemos que todos podemos entrar al proceso de la autosanación, no hay límites si la persona decide y pide ser sanada.

La autosanación es un hermoso camino que va de la mano con el desarrollo espiritual, una cosa alimenta a la otra.

Comprendí lo del 50% a través de la realización de dos procesos de sanación: ambos estaban en peligro de muerte y decidí ayudarles sin medir la utilización de la energía, donde mi deseo fue más fuerte que el de ellos, y logré el milagro de salvarlos. En ambos casos mi nariz se reventó, sangró y, por largo tiempo, no cicatrizó. El mensaje fue muy claro: cuando uno no hace bien las cosas, la energía se dispara y daña mi cuerpo físico. Para mí fue un aviso.

Con sangre aprendí la lección de que mi actitud debe de ser muy respetuosa con las leyes universales, aun cuando tenga lazos afectivos con el paciente.

He tenido muchas vivencias de sanación, que me han dado mucha satisfacción y mucho aprendizaje. Por alguna razón, que no sé cómo describir exactamente, he tenido algunas experiencias de sanación donde la persona se sanaba completamente y no requería volver a llamarme, casos como quistes, obstrucciones intestinales, cálculos al riñón, obstrucciones produciendo pancreatitis, entre otras que se han desaparecido al momento que ingresaban la energía blanca, la energía del amor y la energía del oro. ¿Qué condiciones y conexiones se dará con el universo para que esto suceda?, y ¿cómo se darán para que se logre una armonía completa de transformación?

He tenido y tengo casos donde la persona tiene que trabajar duro el 50% que le corresponde y aunque recae, insiste. Una lucha que las lleva a cambiar.

También hay muchos casos en los que el paciente solo quiere alivio, así que he aliviado solamente la dolencia.

Otro caso son de las personas que no han hecho ninguna conexión ni han logrado ningún cambio en su deseo de sanarse.

Los casos se dan, no los planifico ni los controlo, ni siquiera podría porque todo es tan intenso, tan rápido y lento a la vez que ni siquiera se puede explicar nada. Lo único que puedo hacer es una reverencia ante lo divino que se manifiesta.

He vivido otras experiencias de sanación, como limpiar una habitación, o toda una casa. El caso de la habitación lo viví cuando mi segundo nieto era un bebé de 2 años y veía cosas que lo asustaban mucho. Decidí sacar de su habitación las entidades que la habían invadido. Limpiar una habitación es todo un proceso que detallaré más adelante.

Mi padre murió de un accidente violento cuando yo tenía 12 años, murió en su camioneta junto con mi tío, quien estaba casado con la hermana menor de mi mamá. Ellos viajaban al Norte del país para ver unos negocios juntos. Cuarenta años después, mi hermano y el hijo de mi tío decidieron viajar al norte por un negocio y también mueren violentamente de un accidente; al poco tiempo, el hijo mayor de mi hermana, la segunda, muere en un accidente en Ala Delta; días después, el hijo de cinco años de mi tío, quien murió junto con mi hermano, murió atropellado por un carro.

Mi madre y mi tía habían perdido a tres generaciones: a sus esposos, a sus hijos y a su nieto.

La información que recibí era que había un karma encadenado a mi madre y mi tía, y este se convertía en un karma familiar. Tenía que detener estas muertes, y debía hacerlo frente al mar, tiene una connotación muy poderosa tener al mar como testigo. Ya que estaba ahí me llegaron las figuras geométricas, empecé a ver el significado de cada una y a desarmarlas. Había un triángulo que significaba las ataduras de padre, hijo y nieto, destrucción del linaje total, era una imagen muy fuerte, podía decirse que el impacto visual estaba acompañado con un sentimiento estremecedor, como un designio amarrado por muchos años; corroboré esto interpretando el rectángulo, donde las líneas eras sumamente largas, como señalando el largo tiempo de los sucesos los amarro; visualicé a mi madre y a mi tía como parte de esa historia, con ropa de época muy antigua, probablemente vivieron algo muy fuerte ambas en sus otras vidas.

Me enteré que todo esto se teje en el trasmundo, que es el mundo opuesto a la vida, de allí vienen todas las amenazas de la estabilidad y desarrollo de todo ser viviente, de allí vienen las grandes epidemias, las enfermedades mortales, los designios, las maldiciones, las herencias, los karmas, las cuadraturas, los grandes conflictos y las guerras.

Me dijeron que el trasmundo no está abajo, como me informaron aquí, está a la espalda del mundo de la luz. Hay una parte de intensa luz, donde los mundos se desenvuelven cumpliendo un rol en el funcionamiento de las cosas; a la espalda de la luz, en un punto que no es visible se introduce el mal, se roba la energía, la luz y lo bueno establecido para desaparecerlo. La espalda oscura utiliza la fuerza de la luz y la energía del amor para usarlas contra la vida. Es un paralelo de cómo en este mundo las personas utilizan su poder para hacer el mal o la magia negra, que existe y se manifiesta con daños irreparables, incluso la muerte. Quiero decir que lo mismo que sucede en el universo se reproduce en nuestro cuerpo. Somos luz, pero como existe la manipulación de las fuerzas oscuras por algunas personas, ingresa a nuestro cuerpo entidades que nos pueden hacer mucho daño. De eso hay que ser consciente y que hay que protegerte.

Continuando con el tema de mi familia, me encontré mirando al mar a las 7 p.m. en el parque del amor en Miraflores, estaba visualizando las mismas imágenes, rompiendo las esquinas de estas formas geométricas para hacerlas desaparecer en el horizonte, entre el mar y el cielo. Lo hacía cambiando los códigos de la historia establecida en el cosmos.

Así como nosotros tenemos códigos de memoria, también existe la gran memoria universal establecida en el cosmos, en esta gran memoria no solo está la historia de todos los seres humanos, sino también los designios, las herencias, los karmas y las cuadraturas. Los astros juegan alrededor de esta memoria, no están ajenos a ella, ya que cuando se encuentran en determinada posición producen la repetición del designio, karma o herencia, es decir puede producirse un cuadrángulo, de la misma manera que se realizó tiempo atrás.

Un astrólogo puede descifrar anticipadamente lo que le va a suceder a una persona, según la posición de los astros. Mi padre tenía un amigo astrólogo, quien lo buscó insistentemente antes de su accidente para que no viajara, pues vio que tenía una cuadratura muy fuerte, pero mi padre no estaba dispuesto a ir en contra de su destino, siguió adelante, viajo y murió.

Cuando en el mar desarmé las puntas del triángulo y del rectángulo cambié la información, se liberó el karma y logré evitar la repetición de hechos desafortunados y dañinos en la vida actual.

Comparto contigo una inspiración de pérdida y muertes:

Con un clavo adentro viví,
aprendiendo la diferencia
de sentir la pérdida y sentirse perdida,
y cuando es por partida doble
no sabes cual punta mirar.
Los que se fueron ayer
o los que partieron hoy
con la misma velocidad de un negro camino norteño
que nunca amanece vivo,

y cruzo la mirada en el grito invisible,
y no hay inicio en el calendario que estruje una elección
por la punta del vacío que la perdida creo
o por el camino perdido a causa del dolor.

Y así, vi a la vida en un expreso que cruza el alba
y en el que no alcance a subir.

Doy un vuelco y subo en mi propio estribo,
y estampo una huella en el sereno.
Cuando un hilo plateado en el horizonte
me devuelve el silencio.
Frente a la vida enmudecida, lloro la perdida.
Al fin les digo adiós

A través del tiempo, y las experiencias de sanación aprendí a seguir señales, no podríamos decir reglas, pues ellas pueden ser muy rígidas, en cambio las señales siempre te permiten llevarlas a cabo según la situación y las condiciones que sean. Para mis estas señales se convirtieron en señales divinas, las cuales responden a leyes universales que existen para el mundo entero y guían nuestra vida en el camino de la verdad, fe, paz y el amor. Realicé una lista de condiciones que fui aprendiendo para tener en cuenta, especialmente para ingresar al mundo de la sanación

- No puedes sanar si la persona no cree en esta posibilidad.

- Es un requisito indispensable que la persona lo solicite, es decir quiera sanarse.

- No deben intervenir nuestros deseos, pues nada mas somos un puente.

- En la sanación no debe haber un contacto directo con el cuerpo de la persona, solo debe realizarse a distancia.

- En casos especiales se podrá realizar de forma presencial y en contacto con el cuerpo si hay lazos consanguíneos.

- En el proceso de sanación el paciente debe ser siempre el que llame, la voluntad de sanarse debe mostrarse a través de sus propias decisiones para seguir y su disciplinada creencia en las instrucciones a seguir.

- De ninguna manera la sanadora debe llamar, ni insistir en el tratamiento del paciente.

- En el punto de partida todos puede ser sanados, no hay nada en el universo que no se pueda resolver y no se discrimina a nadie.

- Dependerá de los momentos y los procesos en que el paciente se encuentre si se crean las condiciones adecuadas para este proceso milagroso se manifieste y que la persona logre o no sanar.

- Para ingresar al cuerpo de la persona es requisito que este relajada y en descanso, pero al mismo tiempo atenta a lo que va a sentir. La recepción de parte del paciente es muy importante, pues desde allí ejercerá el 50% del trabajo que le corresponde hacer. Mientras más consciente sea de su participación sintiendo las energías que se van equilibrando en su cuerpo, mayor es la posibilidad de crear las condiciones para el acto divino de la sanación.

- El paciente debe informar lo más detallado posible sobre su estado de salud, lo que permitirá que reciba mejor la ayuda que viene del universo. Ni el paciente ni nadie que se acerque a esta posibilidad debe pensar que los sanadores somos adivinos, porque no es así. Solo existe el paciente, su verdad y la trinidad, que son los guías sanadores, las energías y yo, como el puente.

Los problemas se manifiestan en el exterior con un problema físico, una dolencia o en enfermedad establecida; pero al interior se ve como la energía no fluye adecuadamente y como los sentimientos están amarrados a la dolencia. La conexión se establece ingresando al cuerpo de la persona y visualizando el mal, sin necesidad de estar cerca del paciente.

Inicié una etapa en la que realicé viajes astrales para ingresar al cuerpo físico y visualizar la dolencia de personas que se encontraban lejos, en otra provincia, en otro país o en otro continente, podía estar de inmediato con la persona a sanar, como si estuviera a su lado a pesar de la distancia. Descubrí que en estos viajes no existe ni espacio ni tiempo.

Les contaré tres casos que son los más sobresalientes y que me llevaron a avanzar en mi camino por la autosanación:

Desde Miami, EEUU, mi hermana me llamó para pedirme ayuda, por una emergencia, pues le habían diagnosticado la pepa de palta, una obstrucción muy alta en el colon, y era posible que le realizaran una operación. Era tanto su dolor que iban a ponerle morfina.

Cuando me pidió ayuda, estaba tan comprometida en hacerlo que no me percaté de que yo me encontraba el Lima y ella en Miami. Me concentré y la ayudé a evitar la operación. Mi hermana botó la pepa de palta de inmediato y salió de emergencias.

Cuando me di cuenta de que había curado a mi hermana estando tan lejos me alegré mucho por haber ampliado así el espacio de sanación.

Desde esa fecha yo realizo siempre a distancia con solo una llamada telefónica el acto de la sanación.

El segundo caso fue un paciente con pie diabético, tenía la pierna gangrenada hasta la rodilla. La urgencia era tan grande que inicié una carrera contra el tiempo, pues tenía la información clara que si la gangrena avanzaba a la ingle el paciente moriría.

Hice equipo de emergencia con una doctora que practica la medicina integrativa y otros dos amigos, uno en mi país y el otro de España, que, desde diferentes ángulos, leerían el exterior e interior del cuerpo de la persona que estábamos tratando. A esto se le llama la trama, más adelante hablare sobre ella.

La doctora me indicaba cómo funcionaba la gangrena y cómo avanzaba en la pierna, yo ingresé y transformé la información real a mi forma de visualizar el interior de la persona. Las imágenes de la circulación de la sangre y del oxígeno eran las principales para revertir la gangrena.

Mi conexión con la naturaleza se hizo presente mostrándome imágenes de canales de regadío que se acompañaban junto con su cuerpo, viendo cómo empujaba el agua de arriba hacia abajo y de abajo hacia arriba. Al inicio todo era color blanco y el agua se veía cristalina; luego la sangre y el oxígeno se volvieron de dos colores: blanco y rojo. Al poco tiempo de haber iniciado se hinchó la pierna, esto era una señal, empezaba la lucha entre los anticuerpos y las bacterias que conforme avanzaban ponían la pierna negra.

Cada veinte minutos la persona me llamaba y realizaba el ejercicio para cambiar el estado de su pierna. A las horas, el color negro de la pierna empezó a disminuir. De inmediato, coloqué un disco energético debajo de la rodilla para evitar que la gangrena avanzara.

Miré su corazón y descubrí que tenía fuertes sentimientos a trabajar, informé de ellos a la doctora, quien empezó a trabajar sesiones de coaching con el paciente.

Paralelamente recibí información desde España, el sanador me dijo que había visto un hueco en el cuerpo astral y que debería revisar qué significaba. Ingresé de inmediato y vi un cordón que salía del corazón y se iba por el cuerpo astral. Por experiencias anteriores sabía que eso era una señal de que los sentimientos incrustados en su corazón venían de otra vida. Cuando veo esa señal debo desactivarla de inmediato, así que lo liberé totalmente.

La persona que apoyaba desde el exterior era hermano del enfermo y conocía la historia que se manifestaba al exterior, el probable origen del problema emocional, eso ayudó a la doctora para que sus sesiones de coaching y la sanación que yo realizaba pudieran seguir avanzando.

Todo lo que se realizaba era a distancia: el enfermo estaba en Lima; el hermano, la doctora y yo en el valle Sagrado Cusco; y quien lee la trama interior estaba en España.

Como él estaba mejorando le pedí su participación en la mejoría de su pierna, le di las imágenes y le di la información de lo que tenía que hacer, así que él también trabajaba conmigo.

Paralelamente en el hospital, se empezaron a generar problemas, pues el protocolo era para la amputación de la pierna. Por suerte el tiempo que necesitaba el pie para mejorar se dio naturalmente, ya que hubo días de fiesta y no pudo ingresar a cirugía, y cuando llegó la fecha en la que se podía él estaba anémico, así que le hicieron una transfusión; eso me dio más tiempo para seguir sanando.

El color negro del pie ya había bajado más allá del tobillo, así que coloqué otro disco energético ahí.

A pesar de la mejoría, empezó una lucha entre nosotros y las autoridades del hospital, ellos se cerraron a la idea de que solo se solucionaría con amputación, pues no querían admitir su error, y nosotros insistíamos en que hicieran una revisión de la mejoría para cambiar el diagnostico.

El hospital insistía en la amputación pero la familia del enfermo, no firmaba la autorización.

Esto se convirtió en una amenaza para mí, pues el medio ambiente que lo rodeaba era amenazante y corríamos riesgos de que él perdiera la estabilidad emocional lograda y entonces retrocediera en su recuperación.

La pelea se volvió enfrentamiento. El hospital amenazó con traer al fiscal quien los obligaría a firmar y la familia del paciente advirtió que llamarían a su abogado. En esa lucha yo pedía tregua para poder continuar sanando.

Finalmente, el hospital obligó a que firmaran la autorización de amputación o el alta del paciente. La familia firmó el alta y se llevaron al paciente a una clínica. Fue allí que el trabajo de la clínica y el equipo de emergencia, que éramos nosotros, le salvamos la vida y el pie al paciente.

Todo se conjugo a salvarlo, el universo me dio el tiempo para hacerlo. Si los días de fiesta y la anemia no se hubieran presentado yo no hubiera tenido la oportunidad de sanarlo y el paciente habría muerto. Ahora hace su vida normal y sin haber perdido la pierna.

Estas son las maravillosas oportunidades que aparecen y dan resultados milagrosos.

Después de esta intensa experiencia, me quedé muy conmovida reflexionando cómo había sido todo, lo rápido que se había suscitado y lo increíble de ese aprendizaje. Me encontré mirándome al espejo y me di cuenta de que mi nariz sangraba, no por los orificios, sino encima, se había producido una herida como si me hubiera golpeado. En ese momento lo relacioné con mis propios recuerdos emocionales que no había resuelto y deduje que esta experiencia los había movido.

El tercer caso fue de una persona muy allegada a la familia, quien enfermó de un momento a otro. Por lo que sabemos se demoraron en atenderlo y cuando lo llevaron al hospital estaba en peligro de muerte, tenía deshidratación severa, problemas respiratorios y síntomas de problemas cardiacos. Entró a cuidados intensivos, yo tomé la decisión de ingresar al hospital, buscarlo y verlo. Aunque estaba en mal estado, logré hablar con él y le propuse sanarlo, él aceptó y yo le di las indicaciones.

A él no le funcionaba bien los riñones, los pulmones ni el hígado. El primer problema que noté cuando mi hija me llamó para ayudarlo fue en sus intestinos, tenía plantas venenosas estrangulándolos; las retiré para liberarlo, por eso no lo detectaron en cuidados intensivos.

Su cuerpo era una revolución, las células que protegían los órganos estaban desordenadas, disparándose por todos lados, tenían información incorrecta y en lugar de proteger atacaban; sus órganos ya no convivían entre sí.

Había que actuar rápido y no sabía por dónde empezar, estaba tan nerviosa que no recogía la información de mis guías. Decidí llamar a la doctora que nos había apoyado la vez pasada y me dijo que empezara por los riñones porque el caos podía ser producto de ellos.

En los análisis salió que tenía múltiples cálculos en el riñón cuyo tamaño variaba de 1 cm a 1.5 cm, por lo que eran muy difíciles de evacuar.

Inicié el trabajo de fulminar las piedras: les disparaba con luz blanca y veía cómo se rompían en pedacitos hasta que se convertían en arenilla; luego encendí la luz blanca potentemente en todo el riñón para desaparecer cualquier cálculo que hubiera quedado. Repetí muchas veces esta acción mientras el paciente trabajaba con instrucciones mías.

Él salió del hospital y comenzó a llevar un tratamiento para resolver los temas emocionales que le afectaban y que le habían causado el cuadro en los riñones. Actualmente se encuentra en terapia y fuera de peligro.

Nuevamente me puse a reflexionar sobre esta intensa experiencia, y mirándome al espejo noté que la herida de la nariz era más grande y no cicatrizaba. En ambas sanaciones había cometido los mismos errores, lo que me llevó a las siguientes conclusiones:

1. Nunca debo poner mis deseos para salvar a una persona. Yo no decido, solo soy un puente.

2. Los planos de la doctora son reales y de este mundo, los míos son de orden espiritual.

3. Hubo un mal manejo de planos y espacios correspondientes.

Al no manejar bien ninguno de los dos casos la energía se disparó y se me reventó la nariz. La herida tomó tiempo en cicatrizar y más adelante requirió cirugía.

Uno nunca termina de aprender en la vida y en otras dimisiones.

Quinta estación del viaje
Autosanación

Actualmente me encuentro atendiendo por teléfono a pacientes de quienes busco que participen en el 50% de su autosanación mediante instrucciones, de esta manera hemos logrado cambios significativos en su estado emocional y físico.

Somos nosotros quienes producimos la enfermedad al debilitarnos y abrirle las puertas, somos nosotros los responsables inconscientes, porque no sabemos nada de nuestra naturaleza y pensamos que todo termina en la punta de nuestros dedos, pero no es así.

Uno solo tiene que abrir la puerta al baúl de sentimientos guardados e ingresar a reconocer el torbellino que le atormenta y no permite que avance ni que sea feliz. Mis pacientes siempre me preguntan cómo lograrlo, a lo que yo les contesto "aprende a viajar dentro de ti".

Vale la pena mencionar esta experiencia.

Hay un aspecto importante en nuestras relaciones como hijas y como madres: con mi madre tuve una relación difícil, como madre busco hacer la diferencia de cómo fui como hija. El famoso cordón umbilical.

Tengo cuatro hijas y cuando estuvieron en edad de partir tuve que pensar cómo procesar lo que no hicieron conmigo. Mi madre no nos dejaba partir, buscaba retenernos y que siempre nos quedáramos en casa. Uno tiene que liberarse del pasado y actuar de forma diferente, sin repetir los errores, pero no es fácil. En este caso no lo procesé bien y enfermé.

Tenía cuatro granos en la cara, que cuando aparecían venían siempre acompañados de infección renal, esto se repetía con frecuencia y era algo que no lograba superar. Decidí atenderlo y revisar los sentimientos que allí estaban. Descubrí que no quería que mis hijas se fueran, igual que mi madre. Esa forma de actuar estaba dentro de mí y debía cambiarla porque no era lo que yo quería hacer, así que decidí modificar esa información. Educarte y reflexionar duele, sientes que vas contra ti misma, pero inicié el trabajo de conciencia para no repetir errores, sino dejar que las cosas sucedan, no retenerlas, soltar y liberar.

Me tomó más de un día, pero cuando lo logré desperté y, milagrosamente, los cuatro granos habían desaparecido casi completamente junto con el malestar a los riñones. Hasta la fecha no me han vuelto a molestar.

Mis hijas me inspiraron.

Buscando en la última posta
el hijo que la vida exige,
y casi sin esperarlo
viví por cuarta vez
lo que parecía ser lo mismo.

Cuatro pequeñas luces
rodean mi habitación,
una por una llegan a la salida del sol,
con perfume blanco y suave briza azul
brotan como burbujas verdes la esperanza angelical
que dibuja en sus caritas un paraíso purpura con roció de oro
y miel.

Me envolvió un angelito por sorpresa
que llamo al inicio madre como guía encantada
y se alumbraba en sus manitas la paloma de la paz.

Me conquistó el fulgor de los más bellos destellos de luz
que miraban con ternura y con sed interrogante
dibujando el brillo del más profundo amor.

Me sorprendió el suave aroma de ese saber anticipado
que alimenta la claridad del agua y la visión del bien
y que late en mis venas como el mejor reloj.

Me regocijó la integridad desprendida del mejor de los cielos,
bien armada con el mejor de los pinceles del alma
un pedazo de fortaleza que se desprendió del alba.

Apenas abrí la ventana
todas vuelan como destellos desprendiendo color
y fluyen como cascadas brillantes.
Todas ellas bañan el cielo y la tierra con su belleza interior.

Mi último paradero, mi mejor paseo.
Mi bendición con el adiós.
¡Gracias cuatro mil!

En mis experiencias de autosanación, aprendí que la congestión de las vías respiratorias se da de la misma manera que se da en otras partes del cuerpo, no pretendo decir que se constipe mi pierna o mi espalda, pero se dan las mismas características: se concentra la enfermedad a causa de un germen o un virus, se congestionan los canales energéticos y la zona se ve seriamente afectada, como podría ser un atolladero de autos en la vía principal en hora punta.

La primera manifestación de una molestia o dolor en cualquier parte del cuerpo es una congestión. Tenemos que tratarla atacando el virus o germen al interior del cuerpo y ordenando los canales energéticos con mucha relajación.

Tu capacidad de imaginación, la visualización, la luz y la respiración son los mejores médicos para descongestionar tu cuerpo. La falta de estas manifestaciones es el camino para que lleguen las enfermedades graves, entonces hay que hacer el tratamiento que corresponde para no dejar que la enfermedad avance y se posesione de una parte de nuestro cuerpo

Hablemos del viaje dentro de ti. Siéntate frente a un espejo y visualízate, sabes bien cómo es tu físico: tu cara, tu cabello y todo tu cuerpo. Todo lo que está adentro no lo ves, sabes que funciona y sientes que está allí, la mayoría de veces lo percibes cuando algo te duele. Por lo general cuidas lo de afuera y dejas que lo de adentro se las vea para funcionar o que el medico sea quien se encargue. Ese es el concepto que hay que cambiar.

Ahora voltea al revés todo, como cuando volteas tu ropa. Mira tu cara e imagínatela por dentro, puedes encontrar sorpresas: tu nariz por ejemplo puede estar llena de gérmenes y mucosidad, tus senos paranasales un poco infectados, hay células muertas en la piel de tu cara y en el cuero cabelludo, puntos neurálgicos en tu cabeza. Imagínate cómo es tu cerebro, esta gran máquina que mueve la mayor parte de tu cuerpo; imagínate cómo son las neuronas y las células, como si lo vieras en una pantalla. La imaginación abre puertas, y si no tienes una imagen puedes armarla viendo en láminas o internet de cómo es el cuerpo humano realmente.

La imaginación es la parte más fácil, la más difícil es sentir tu funcionamiento. ¿Podrías sentir el tic-tac de tu corazón y tu circulación?, ¿podrías sentir tu digestión? Y, según lo que comas, ¿cómo es la distribución de lo malo y lo bueno? En la digestión la parte más clara es el sentimiento de hambre, la consciencia lo que comes y cómo se siente lo que evacuas, pero no eres consciente de todo el trabajo que hace tu sistema para lograr evacuar lo que comes.

Ya hemos hablado que dentro de nosotros se manifiestan y se interrelacionan el campo físico, el emocional y el espiritual. Tu alimento no es solamente lo que comes, también es lo que percibes de la naturaleza con tus sentidos, es tu capacidad de comprensión con lo que te rodea, es tu mente y es la emoción que te acompaña. Entonces, estamos claros que todo lo que ingresa a tu cuerpo en los diferentes campos de funcionamiento es alimento que se procesa también al interior. En la vida diaria ¿somos conscientes de eso?

Se han preguntado ¿qué pasa si me conecto muy bien con la naturaleza y me alimento de ella, pero mi comida es nociva para mi cuerpo?, o al revés. ¿Qué información le estamos dando al cuerpo? Una información contradictoria.

Cuando hablamos de estar alineados quiere decir que todos nuestros campos están en un mismo punto de intención y podemos descubrir nuestro verdadero poder.

La información contradictoria no solo bloquea y le quita poder a tu energía, sino que desordena tu funcionamiento bioenergético.

Esto si es grave, pero eso no evita que casi todos los seres humanos vayamos así por la vida, dando un porcentaje mínimo de nuestro potencial.

Ahora lo más complejo, procesamos la información de todos los campos, así como el sistema digestivo procesa los alimentos y los depura, lo bueno lo envía a la sangre como alimento esencial, lo que no conviene lo evacua. Eso mismo hacemos con la alimentación en cualquier campo, y si no estamos alineados habrá errores graves en el proceso, como no depurar bien la información, dejar la de los mejores conceptos y, por lo tanto, tomar la peor decisión.

A esto podemos decir que, a pesar de nuestro comportamiento contradictorio, nuestro sistema es una maquina perfecta y sigue haciendo su trabajo, lucha por que todo funcione, logrando que salgas adelante. Qué maravilla, ¿cómo no querer conocerlo y acompañarlo en su trabajo? ¿No les da curiosidad ver y constatar cómo es este funcionamiento milagroso?

Solo siendo conscientes y aceptando este milagro que es la vida podremos viajar al interior de nuestro ser, lo que nos permitirá entrar a los propios detalles y tomar consciencia de su existencia y sentimientos, para liberarnos y madurar, evitando que se produzca un daño físico.

Cuando encontramos daño físico ya manifestado, ya sea leve o medianamente avanzado, percibiremos una imagen que requiere de sanación, en anterior oportunidad hablé sobre la capacidad que tenemos de recomponer partes que está dañadas, entonces si superponemos la imagen mala con imágenes buenas podremos ir borrando la imagen dañada hasta que sea reemplazada. Al hacer eso estamos creando un nuevo mapa, una imagen visual unida a la intensión de sanar, que con el adecuado manejo de energía y de luz, puede producir un cambio en la situación de la enfermedad. Esto es sumamente poderoso, más aún si la persona está convencida de esta posibilidad, tiene fe en ello y, sobre todo, quiere autosasrse.

Cuando el daño de un órgano casi completo o una zona determinada del cuerpo es mayor la opción ya no es superponer, sino crear un anillo energético que trabaje solo y regenere los tejidos, como si plantara nuevas raíces. Este proceso empieza canalizando la energía pura para luego ir transformando el físico. La persona afectada debe trabajar el alejamiento de la zona dañada y los sentimientos que se encuentren depositados ahí, de tal modo que se pueda lograr un trabajo sin interferencia.

Si la persona no ubica el sentimiento y no puede ser consciente de que es lo que se está produciendo en su cuerpo, es sumamente difícil lograr resultados consistentes y permanentes. Lo más probable es que se alivie, pero no se logre la transformación requerida, lo que significa que la enfermedad o el mal regresarán, probablemente con menos intensidad, porque no está sanado completamente.

Es muy importante tener en cuenta que para las enfermedades tenemos antesalas, estos son nuestros cuerpos de luz: el etérico, el astral y el causal. Se encuentran alrededor de nuestro cuerpo de arriba hacia abajo.

Muchas veces el mal está en dichos cuerpos de luz sin haber ingresado a lo físico todavía, pero el cuerpo siente la enfermedad como si ya la tuviera. Trabajar en nuestro cuerpo astral es mejor, ya que el cuerpo físico no se ha dañado todavía, sin embargo, la mayoría de los seres humanos no sabemos que eso existe.

El cuerpo tiene defensas de energía, fuertes escudos que no nos imaginamos que tan poderosas pueden ser. Nos defienden de muchos peligros y elementos extraños que están vagando en el cosmos y que pueden ser capaces de eliminar rápidamente nuestro funcionamiento general y dañar los órganos vitales.

El cuerpo astral tiene dos niveles de antesala: el primer nivel es la receptaría, donde hay algo como antenas que interceptan el peligro y avisan al segundo nivel. El segundo es insertaría, el cual inserta niveles de información, desorientando al elemento que amenaza con introducirse. Estos dos espacios trabajan permanentemente evitando el ingreso.

Cuando algo logra pasar, evadiendo a estos dos espacios, ingresa al espacio más cercano al cuerpo, el etérico, también llamado aura protectora. A este nivel es que el cuerpo empiezas a sentir síntomas de malestar. La enfermedad se encuentra en el último bastión de defensa.

Es nuestra memoria se forman grupos de sentimientos pesados que se relacionan entre si y hacen cadena, por ejemplo, el temor, produce desesperanza y frustración. Ahí tenemos tres sentimientos que se alimentan entre sí, y cada vez que se presenta en la vida una situación que produce temor, esta cadena se fortalece. Los tres sentimientos forman un triángulo que rompen tu escudo protector. En algunos casos es peor aún, se forman cuatro sentimientos, osea un cuadrángulo, y se vuelve más fuerte mientras más sentimiento pesados se alíen entre sí.

Somos nosotros quienes producimos la enfermedad, quienes nos debilitamos y abrimos puertas a la enfermedad, somos responsables inconscientes porque no sabemos nada de nuestra naturaleza, pensamos que todo termina en nuestra punta de los dedos y no es así. Somos mucho más que eso y lo vamos a ir descubriendo conforme sigas leyendo este libro.

Hay que tener claro que tenemos nuestros propios sentimientos no resueltos, los sentimientos que nuestra naturaleza recoge de nuestro entorno, los sentimientos que recogemos de nuestros seres queridos. Somos un baúl que se llena de sentimientos que tenemos que limpiar permanentemente para que no nos atrapen, algunas formas de hacerlo son resolviendo, liberando, meditando y tomando consciencia. Es una lucha incesante por ser feliz en la que nunca hay que darnos por vencidos. Somos nuestros propios médicos, siempre hay que estar revisando lo que pasa en nuestro interior para poder resolverlo. Recuerda que nuestras enfermedades se producen 99% por problemas emocionales no resueltos, y reforzamos esos sentimientos llenando el baúl de desesperanza, rabia y temor.

Acompáñenme con esta inspiración.

Hay un fuerte dolor que no me pertenece,
lo cargo como un peso milenario
sin saber de quién es,
qué hace conmigo,
qué significa,
y cuándo empezó.

Invade todo mi ser,
ingresa a mi
todo ese dolor sin nombre,
el dolor de todos,
el dolor de nadie.
Toda soy una pena.

Soy una estación de los débiles postergados
que estremecen mis entrañas,
gritan pidiendo clemencia al mundo
que aumenta día a día.

Esta fuente de dolor,
es como la muerte desgarrada,
desolada, desdichada,
sin tregua que la detenga.

Y me lleno de compasión
por toda esta arenga dolorosa que visita mi morada
y deja en su camino,
una guía de consciencia en la mirada.

Si pudiéramos cambiar esto para que la felicidad ocupe más sitio en nosotros que la tristeza, estaríamos iniciando un buen camino en mejorar nuestra calidad de vida.

Cambia la información de tu cuerpo, cambia tu punto de vista de muchos acontecimientos de tu vida. La verdad vivida tiene muchas caras, depende del ángulo en que la mires puedes caer en la depresión o liberarte.

No somos espacio vacío, nuestro cuerpo este interconectado, los aparatos y órganos vitales se activan y se comunican, realizan una labor en equipo. El corazón bombea, todo funciona, tenemos vida gracias a ello. ¿Se han preguntado cómo el cuerpo funciona tan a la perfección?, ¿de dónde recoge la información para hacer que todo camine?

Cuando te pones a pensar en lo que el útero hace cuando el ovulo y el espermatozoide fecundan, la creación de la vida, te das cuenta de que ¡es mágico! Los que creemos en Dios asumimos que viene de una mano superior y divina todo el funcionamiento de la vida.

Nosotros, como seres humanos, somos una partícula de Dios, sin duda tenemos un rol en esta vida y tenemos que entender cual es.

Desde que nacemos, experimentamos muchos espacios y planos diferentes; moviéndonos a través de ellos vivenciamos y experimentamos con nuestro cuerpo y nuestra mente, aprendemos a diferenciarnos, a elegir dónde ubicarnos e integrarnos. Así crecemos en una sociedad con un espacio del que sabemos somos parte.

Los planos son una manera de movernos dentro del espacio de forma transcendente, es ir mas allá de lo establecido en el espacio, es hacer cambios en tu vida saltando de un plano a otro, es la maravilla de reconocer que tu vida no es un cuadrado, sino que tiene variadas formas que pueden cambiar en el espacio y a acceder a planos que nos hacen evolucionar de una manera inimaginable.

El plano físico se mueve en el espacio de la tierra, logrando habilidades de diferente índole en la vida; el plano emocional se relaciona con en el espacio de la mente para aprender a razonar sus emociones; el plano espiritual se comunica con sus fuerzas energéticas en el espacio del cuerpo, sus espacios sutiles fuera del cuerpo y con la conciencia superior.

El plano físico, emocional y espiritual se relacionan entre sí, están en permanente comunicación, aunque nuestro ego se tape los oídos y nuestra mente inconsciente y subcontinente lo niegue. Muchas veces nos perdemos el diálogo de ese espacio de comunicación, no somos conscientes y caminamos perdidos, sin saber quiénes somos ni que queremos. Cuando nos damos cuenta de que algo pasa con nosotros es cuando el cuerpo nos toca la puerta y nos dice "me duele, estoy enfermo", allí nos preguntamos "¿Qué paso? ¿Cómo sucedió esto?" y nos aterramos porque no entendemos. Buscamos las soluciones en otro lado, no en nosotros, ponemos nuestra salud en manos del médico, y no hacemos otra cosa más que esperar que él lo resuelva.

La medicina trata el síntoma y te cura el físico rápidamente, pero recaes porque no ha tratado la causa, entonces no está todo resuelto, incluso puedes empeorar. Entonces el camino a nuestra salud es aprender a autosanarnos, aprende a viajar al interior de nuestro cuerpo.

El asunto no es solo entender nuestros espacios interiores, es sentirlos. Hagamos un ejercicio que yo solía hacer cuando dirigía sesiones de meditación; lo que muchos dicen es que la respiración es la forma de aplacar la mente ruidosa que no te deja meditar, y es cierto, pero la respiración se puede manifestar en varias formas, por ejemplo, puede ser rápida y agitada, profunda y lenta, o suave e imperceptible. Puede ser una respiración dirigida hacia una parte de tu cuerpo. Para el ejercicio primero hay que estar atento. Y sentir cuando el aire ingresa y sale de la nariz, luego hay que prestar atención a que ingrese por la nariz y se vaya directamente a oxigenar la zona del pecho, después se pueden sumar las zonas de la garganta y la cabeza, hay que oxigenar las tres partes del cuerpo al mismo tiempo. Cuando unes esas tres partes o fuerzas energéticas creas un poder muy grande para aplacar tu mente y entrar en el silencio.

¿Quieres viajar al interior de tu cuerpo?, alíate con estas tres fuerzas energéticas. Se ingresa por la cabeza, frente central alta, sexta fuerza, algunos le llaman el tercer ojo.

Intenta el ejercicio, si logras hacer los diferentes tipos de respiración y logras dirigir la respiración a estas tres fuerzas energética, entonces sube e ingresa por la frente al interior de tu cuerpo, siente que estás en la parte alta de la cabeza, compruébalo colocando la mano a la altura de tu frente, te vas a dar cuenta que la mano está afuera y tu adentro. Ese es el inicio de tu viaje interior, lo importante es que estas adentro no afuera.

Adentro, vas a estar en contacto con todo lo que pasa al interior de tu cuerpo, mantente arriba, no bajes, quédate en la cabeza y desde allí recoge la información. Estate allí el tiempo que sea necesario; siente el latido, el fluido, la vibración interior, el hormigueo; esta es tu casa, solo tuya; también observa qué pasa con tu físico, ubica si hay alguna molestia, si la hay detecta su nivel de intensidad y la clase de molestia que es; ubica los sentimientos en tu corazón, ¿qué dicen?, ¿cuáles son? y ¿cuántos son? Ponles nombre.

En tu primera visita es posible que recojas la mínima información, pero lo importante es que ya tengas una idea de lo que está sucediendo dentro de ti. Ahora vas a tomar la decisión de cambiar esa información.

Oxigena la molestia física, con la respiración profunda y lenta; oxigena los sentimientos que causan y deterioran tu estado de ánimo; mediante esta acción, vas relajándote, calmando lo que has observado y también aliviando tu estado de ánimo.

Cuando regreses te vas a dar cuenta que iniciaste tu primer viaje de autosanación, ¡felicidades!

En este viaje la fe es la compañía mas importante. La fe es una decisión dentro de ti, no lo olvides. Debes revisar tus creencias y preguntarte hacia dónde se inclinan, cómo se formaron y cuales fueron tus modelos tus puntos de partida. Si eres ateo será muy difícil emprender este viaje, pero no imposible; yo lo fui y ahora creo que estas fuerzas sobrenaturales se expresan, son parte de uno y hay una fuerza divina que las mueve.

Tener fe, creer fehacientemente en lo que uno hace, es tener mucha fuerza de voluntad, claridad y, sobre todo, es una gran responsabilidad, ya que lo que se dice aquí no es un juego y puede ser de gran ayuda para desarrollar un camino alternativo para el bienestar de lo seres humanos.

Abandonar tu fe es como abandonarte a ti mismo, alejarte de lo que eres, perder la brújula y empezar a buscar fuera de ti tus soluciones, depender de lo exterior, de lo que y quienes te resuelvan tus problemas.

Pero ¿qué es la fe?, hablemos de ella, aunque sea difícil hablar de algo tan abstracto, pero, a la vez, imprescindible. ¿Cómo sientes que puede obrar en ti la fe?, ¿qué efectos puede causarte el tenerla o no? En el camino de la fe hay muchas verdades, lo que para uno es una gran verdad para otros no. La fe se manifiesta sobre una verdad, cualquiera que fuera esta, con solo creer en la existencia humana, creer en una flor, en el mar, en el campo en la naturaleza, ya estas cerca de ti estás en tu fe; la fe es amar la existencia de todo y respetar el libre albedrío de su funcionamiento y desarrollo propio.

La lucha interna que uno vive entre creer o no creer puede causar enfermedades profundas, porque son contradicciones internas en tu vida que golpean energéticamente tu cuerpo, por lo tanto, no hay armonía dentro de ti.

La fe se recupera, la fe se construye. Uno puede sentir la gran amenaza de la enfermedad, puede sentir claramente los síntomas de ella y tratarla desde allí, es decir curarla antes de que ingrese al cuerpo físico. Lo reconocemos tan bien que uno incluso comenta cuando se va a enfermar, infinidad de veces hemos oído comentarios como "parece que me voy a enfermar", lo que no sabemos es que podemos curarla antes de que ingrese a nuestro cuerpo, entonces, lejos de intentar sacar el mal, lo aceptamos, le abrimos las puertas y nos entregamos a la enfermedad.

Cuando el resfrío se acerca y notamos que este es fuerte, nos ponemos alerta. No te tumbes en la cama vencido antes de empezar, están invadiendo tu cuerpo, así que no lo aceptes. Relájate y ubica la zona afectada, que en el caso del resfrío es la garganta y la faringe, rodéala e internamente dile "no eres bienvenido". Este proceso de enfrentar al virus también estas enfrentando las entidades que lo refuerzan. Recuerda que también están presentes. La energía blanca renovadores con la energía que es lo opuesto, lo oscuro y destructivo. Rodealas y no dejes que ingrese a todo tu cuerpo, limitale el espacio a solo la zona afectada y creeeme, este resfrio puede durar mas o menos una hora, pero pasado ese tiempo empiezas a notar, poco a poco, cómo la molestia se va diluyendo. Busca distraerte con la TV y no dormir, al cabo de una hora los síntomas desaparecerán completamente. Esta actitud es con cualquier enfermedad que ingresa dentro de ti.

Mostré las técnicas de cómo hacerle frente a los virus que siempre están al acecho de nuestro cuerpo, pero el tema no va por allí solamente, sino en darnos cuenta de que a nuestro cuerpo le basta una hora de la enfermedad registrada y no marca la diferencia por tres días. El cuerpo necesita de la enfermedad para mantener alerta a nuestros anticuerpos, pero no necesita una enfermedad larga y mucho menos grave; el cuerpo registra la enfermedad y cumple con los requisitos de mantener fuerte y activo nuestro sistema inmunológico con solo una hora, en algunos casos minutos.

Si tienes fe en ti, puedes convertirte en un sanador de tu propio cuerpo y relacionarte con la medicina de forma integrativa, tomando todos los elementos que han existido en ella por miles de años.

Las prácticas que muchos hacemos para meditar, como las respiraciones y la luz, son herramientas para detener y eliminar la enfermedad en la antesala, la imaginación es muy poderosa en estos casos.

Podemos eliminar nuestros malos pensamientos, podemos imaginar que es como sacar la suciedad y limpiar las partes que sentimos se encuentran afectadas por los síntomas previos.

La relajación, la meditación, la imaginación, la respiración, la luz y la fe pueden ser los mejores antibióticos, incluso mejores que los que la ciencia pueda crear para curar.

Se consciente de los síntomas, utiliza las herramientas con fe e imaginación y encuentra el camino, no le abras las puertas a la enfermedad, pelea, resiste siempre y no te dejes vencer.

Creo fehacientemente que si yo puedo curarme a mí misma cualquier ser humano puede hacerlo. Mi experiencia puede servir para crear infinitos caminos que los seres humanos usen para curarse, por eso la entrego como guía, como referencia. Aunque nada de lo que sucede conmigo es absoluto ni exacto, todo es posible y susceptible de ser cambiado, solo hay que tomar lo que nos sirve, pero para tomarlo debemos empezar de cero, sin nada preconcebido, abierto a comenzar.

Trabaja tus temores, tus prejuicios y tus ideas fijas, aquí hay un largo camino por recorrer, pero créanme, si decides empezarlo estarás iniciando tu camino hacia la felicidad.

Sabemos bien que no existe persona en el mundo que no se haya deprimido en algún momento de su vida, las tristezas son estados en nuestra vida que vienen y van según como lo procesemos. Hay niveles muy altos en las tristezas y cuando estas te tocan directamente es muy difícil procesarlo. No todos la viven a ese nivel y no todos la superan.

Imaginemos algo, como que a alguien cercano le hubiera sucedió una desgracia, o perdido un empleo y hubiera sufrido un pequeño accidente, en ese caso nos solidarizamos y nos entristecemos, pero no sentimos que nos toque directamente. Enfrentamos la tristeza y acompañamos a esta persona, pero esa tristeza no solo es manejable, sino también procesada inmediatamente, no afecta nuestra vida, seguimos con ella y cerramos el capítulo. En cambio, cuando nos toca directamente perdemos el control, todo se trastoca; Esto no es solo porque nuestra tristeza sea mucho mayor, sino porque esencialmente no aceptamos el hecho y lo rechazamos.

Coloquémonos en un momento en la tristeza de la persona cercana, podemos aprender a llevar sufrimientos mayores de esta manera si cambiamos de actitud frente a las desgracias que nos tocan directamente.

Nuestro sufrimiento se prolonga cuando no aceptamos lo que nos hace sufrir, entonces ingresa una gran contradicción en la situación: no aceptamos el hecho, pero al mismo tiempo estamos muy tristes porque una parte de nosotros sabe que eso sucedió, sufrimos, pero no completamente, entonces no lloramos lo suficiente cuando nuestro cuerpo necesita hacerlo, no lo despedimos, no lo enterramos y cargamos este sufrimiento por mucho tiempo, pueden pasar años sin que se resuelva. Esta situación difícil perturba nuestra vida, la marca y, en muchos casos, la determina.

Un acontecimiento no procesado que se arrastra es una huella permanente en nuestra vida, esta huella abre miles de caminos a las enfermedades. Los conflictos internos no resueltos generan un permanente estado de tensión, como se dice, la procesión va por dentro, y esta se manifiesta en crisis temporales. Si no somos conscientes de nuestros problemas no podemos resolverlos y entramos en un círculo vicioso donde repetimos los mismos errores siempre.

La tensión permanente se manifiesta de muchas maneras, puede ser mal carácter; deterioro y conflicto en las relaciones interpersonales con familiares cercanos, amigos o relaciones de pareja conflictiva; en algunos casos distanciamiento e introversión.

Sea cual sea la forma en la que se exprese, siempre conllevara a una crisis porque estamos viviendo en permanente contradicción. Nuestra parte más enferma es la que no resuelve, no acepta, no enfrenta el problema, lo detiene, lo prolonga. Pasan los años y se olvida el tema, pero el problema sigue y se expresa cada vez que puede. Con los años se va complicando, porque inconscientemente buscamos vivir situaciones que nos permitan enfrentarlo, pero como no lo resolvemos, no aprovechamos la oportunidad para solucionarlo y el problema se refuerza. Podemos hacer un ejemplo muy simple: Si el ser querido de alguien muere y esa persona queda muy herida por la perdida puede arrastrarlo a otras relaciones si no lo procesa ni lo despide; quiero decir que cuando tenga pareja o cualquier nueva amistad tendrá tanto miedo de perderlo que no disfrutará de la relación, lejos de desarrollarla la deteriorará y realmente perderá a la persona que empezaba a amar, entonces reforzará el sentimiento de pérdida y de temor, no el de aceptación.

En ese caso la persona grabó en su memoria un código de comportamiento: malestar, desazón, inconformidad, mal comportamiento externo, malas relaciones y errores que la llevan a la crisis resultado final, enfermedad. Cuando se es joven probablemente sean enfermedades simples, resfríos, pequeñas infecciones, virus, problemas musculares; si no enfrentamos nuestros conflictos, con el tiempo las enfermedades podrían presentarse de mayor cuidado o gravedad.

¿Se han preguntado porque existe tanta agitación, tanta velocidad y tanto estrés en el mundo occidental? Esta es una de las razones más importantes, sino la principal, de la enfermedad. Durante generaciones la mayoría de los seres humanos hemos tenido miedo de la soledad, por ello creamos situaciones sociales intensas y nos llenamos de trabajo para siempre estar acompañados, quiero decir que si nunca nos quedamos solos estamos distraídos y no tenemos que mirar a nuestro interior para reconocernos y saber que problemas tenemos pendientes. Es la justificación perfecta, "no puedo ocuparme de mi, no tengo tiempo para enfrentar mis problemas y muchos menos resolverlos", de esta manera la mayoría de los seres humanos se la pasan viviendo como sordos y ciegos, pero no mudos porque suelen pasar el tiempo hablando de cualquier cosa para sentirse bien, que están en onda, y con frecuencia trasmitir una gran hostilidad hacia todos y todo, aún si no se lo proponen.

La soledad es el silencio al que tememos. Quedarte un fin de semana solo, sin salir y sin nadie que te llame para invitarte, puede significar, para ti mismo y para el exterior, un gran fracaso, lo puedes sentir hasta como una tortura, que te estás perdiendo de algo de ese frenesí sabatino. Es entonces cuando el vacío interior se aproxima y caemos en una gran depresión, nos sentimos fuera, como si nadie nos quisiera, poco valorados, el mundo se nos acaba de tanto aburrimiento, nos entra la ansiedad y llamamos a cualquiera, como sea y donde sea con tal de salir. Claro está que no todos hacemos lo mismo, pues cuando el amor propio está muy arraigado no permitimos que esta ansiedad se note, así que la reprimimos muy bien y la sumamos al baúl de cosas pendientes. Como sea, algunas personas sin control y otras más controladas tenemos casi los mismos sentimientos que se suman a un gran estrés.

Lo cierto es que todo esto nos lleva a pensar que necesitamos tomar decisiones sobre nuestro cuerpo, sentirnos más cerca para saber comprender que sucede, porque nos sentimos desanimados, poco motivados, tristes o coléricos. Atiéndete, tu cuerpo te necesita en todos tus espacios.

Yo estoy segura de que muchas veces la tristeza se origina desde una gran nostalgia por uno mismo, muchas veces no nos miramos ni nos tomamos en cuenta. Cuando seas consciente de esto toma acción, aunque no te guste, y empieza a cambiar la información de todo lo que pasa contigo, como una cadena maravillosa que no se detiene. Así lograrás sentir el proceso de liberación, la antesala de la felicidad.   Se tu mejor compañía.

Última estación del viaje
Los mensajes sagrados

Desde que mis hijas eran pequeñas sabía que existían virus que atacaban a los niños y que la medicina desconocía, pero eran casos extraños. Por mis pequeños nietos me enteré de que hoy en día se dan con una frecuencia sorprendente.

Cuando sucede, el niño manifiesta fiebre, que en la mayoría de los casos es muy alta, y no se observa ningún otro síntoma. Por lo general la fiebre es una manifestación de los anticuerpos ante la enfermedad, la cual puede ser resfrió, leve o muy fuerte, que desencadena una bronquitis o una amigdalitis; sino es algo que se manifiesta en el estomago, descomposición, diarreas, peligró de deshidratación. La medicina actúa de inmediato con análisis previos para un diagnostico y da una receta para iniciar el tratamiento; en la mayoría de los casos, la enfermedad era cortada en 24 horas, sino en dos o tres días.

Antes era común que existieran pequeñas eruptivas, alergias y las enfermedades comunes de la niñez: varicela, rubéola, sarampión, paperas, tos convulsiva, entre otras. Hoy en día esas enfermedades ya casi no se dan, pues en mi época los niños eran vacunados.

Bueno, esta fiebre se vuelve casi permanente y el medico solo atina a decir que es un virus, y que no pueden hacer nada mas que esperar y darle un antipirético para evitar que suba mucho la fiebre, el niño tendrá que soportar al virus dentro del cuerpo sin poder hacer nada. Siempre será un azar, como tirar los dados para ver que tan fuerte puede ser el virus o que tan fuerte puede estar el niño para vencerlo. Lo cierto es que frente a esto estamos solos.

Decidí acercarme a mis fuentes a preguntar qué es lo que esto significa y qué podemos hacer frente a ello. Recibí esta información:

Existen elementos llamados Icarios, viven en la oscuridad y son parte de la creación del trasmundo, se alimentan de ella y así las energías negativas los fortalecen. Los Icarios son oportunistas, Se alimentan de la humedad de tu cuerpo, viven en la oscuridad y se reproducen muy rápido, están donde puedan acomodarse mejor y sacar provecho, dañando en su camino todo lo que puedan. Ellos saben cuándo el sistema inmunológico esta débil y son los voceros más eficaces para que cualquier enfermedad se produzca de inmediato, pues, aunque ellos no la produzcan, encuentran en la enfermedad una gran oportunidad para aumentarla, reforzarla, convertirla en grave y, en muchos casos, incluso mortal.

La teoría es que no existen enfermedades mortales, sino que en la mayoría de los casos nos son enviadas con el fin de fortalecer nuestra naturaleza para que esta aprenda a enfrentarlas, transformarlas y, si es posible, a convivir con ellas. Con este proceso nos vamos haciendo fuertes de una manera natural, pero los Icarios las convierten en dolencias extremas. Así se manifiestan al inicio, aumentando la enfermedad que luego se va convirtiendo en dolencia crónica o en enfermedades graves e incurables, como lo es el cáncer avanzado.

La medicina moderna, no solo desconoce a los Icarios, sino que no los puede tratar porque por ahora no existe laboratorio que pueda verlos o definirlos, sea cual sea la parte en la que estos se encuentren.

Los icarios son millares y son diminutos, se posan en las esquinas del techo y piso de las habitaciones de cualquier ambiente, sin embargo, no son fuertes por si solos y la luz blanca los destruye. Ellos se hacen fuertes por la oportunidad que les damos, pero por si solos no son nada.

Lo cierto es que los Icarios son batallones que refuerzan y aumentan cualquier enfermedad, o parte del cuerpo físico afectado.

He sacado muchos de ellos para ayudar a los niños a quienes atacaban.

Yo puedo verlos a través del ojo que se convierte en una gran lupa, son de un aspecto muy feo, con pelos como púas, ojos salientes y de un color muy negro.

El trabajo de limpieza en las habitaciones debe ser con frecuencia, así como la depuración de tus fuerzas energéticas y tu estado emocional.

La limpieza de las habitaciones se realiza de esta manera:

Párate en el centro de la habitación con las manos una frente a la otra y con una vela en un envase o un candelabro adecuado en una mesita; concéntrate y relájate; abre tu sensibilidad e imagina que las esquinas de cada habitación son los lugares donde se esconden los Icarios y también otras entidades; en un cuadrado hay varios cuadrados, como un cubo; vas a observar todas las esquinas que se forman en el cuadrado, las puertas y ventanas también están incluidas; este es el momento en el que tu percepción se agudiza, es cuando sientes la energía pesada. La habitación está cargada, entonces inicias la acción. Siente la luz y concentrarte en imaginar que formas con ella una estructura en forma del cuadrado de la habitación, es la forma de un cubo conformado por los cordones de luz; llama al retiro de todo lo inconveniente que hay en ella, saca hacia el infinito todo lo oscuro que pudiera estar en las esquinas y bordes del cubo; siente y visualiza que la luz esta en todos los cordones y coloca las dos manos, una frente a la otra, para que formen un tubo hacia abajo, esto absorberá todo lo negro y lo disparará hacia arriba, al universo, donde tomarán acción las entidades blancas. Repetirlo varias veces hasta ver los cordones muy iluminados. Realiza toda esta acción haciendo círculos alrededor de la vela y las manos; al final la vela se apaga, bota la vela derretida fuera de la casa, en la tierra o en el water.

Se puede producir esta misma limpieza con el cuerpo del enfermo proporcionando luz dentro del cuerpo, en especial a las fuerzas energéticas; retirando todo lo oscuro; y enviándolo hacia arriba a diluirse. Esta limpieza es siempre un cierre de la sanación, además todos podemos realizarla a diario.

Hace mucho tiempo que yo no me enfermo, pues mi cuerpo intercepta rápido la enfermedad, ingreso por una hora y la revierto, Una vez vinieron entidades que no son mis padres y me pidieron trabajar un virus, más bien una posible epidemia que se estaba armando y produciría mucho daño. Estas entidades necesitaban ver cómo se comportaba en mi cuerpo y así poder debilitarla, transmutarla. Estas entidades tienen un espacio en el universo donde trabajan por la vida, todo lo contrario del trasmundo, es como un laboratorio celestial. Lo que estas entidades veían venir era muy peligroso, así que estaban realizando una acción de prevención.

Yo acepté, así que empecé a enfermarme, me dolía la garganta terriblemente, luego el estómago, mi cuerpo se empezó a debilitar y en 24 horas estaba muy mal. Empecé a hacer lo que siempre hago, atacar la enfermedad, y logré aliviarla, pero al rato regresó con más fuerza. Me empecé asustar, eso era demasiado fuerte y, aunque luchara, no lograba aliviarme. Al segundo día, pedí auxilio a mis padres y a mi pareja, lo que no suelo hacer, sentí su presencia en el borde de mi cama, también sentí la presencia de la entidad del laboratorio celestial, entre los tres me rodearon, sentí un gran calor por todo mi cuerpo y una vibración que aliviaba lo que me hacía sentir mal. De pronto, como si extirparan algo dentro de mi, salió o me sacaron la enfermedad. Estaba agotada, sentí que mi cuerpo se relajaba y poco a poco empezaba a volver a la normalidad. Pude sentir la presencia de mis padres y la entidad celestial conversando, luego se fueron. Yo dormí mucho y cuando desperté, ya era otra.

Pregunté a mis padres que había pasado, ellos respondieron que se habían puesto de acuerdo con la entidad del laboratorio celestial y que nunca más realizarían estas prácticas conmigo, a cambio yo debería enviara todos los virus y bacterias al laboratorio celestial en mis procesos de sanación, y así fue, desde esa fecha, hace cuatro años, envío allí todo lo que retiro de cada persona que requiere de mi ayuda y me siento muy satisfecha de colaborar de esta manera.

Una vez hice la experiencia del Camino Inca, este camino te conduce a la ciudad de Machu Picchu, ciudad sagrada de los Incas. Casi una semana antes de ir al Camino Inca, empecé a soñar, o a tener imágenes, el cerro me decía que me fijara en la falda del mismo y viera una acumulación de piedras y tierra muy apretada; eso interiormente tenía forma de trenza, lo que significaba que el cerro estaba lleno de trenzas hasta arriba, las trenzas son las raíces, entonces mientras más tiene más poderoso es. La voz me decía "toma de mi fuerza". La imagen era muy clara, yo tenia las dos manos puestas en las raíces de la montaña. Esa imagen se repetía varias veces antes de viajar al Cusco.

Cuando llegue al Cusco, estaba un poco asustada, pues no sabia si lo iba a lograr, sabía de mucha gente mas joven que yo que había regresado porque no había podido. La parte más alta era de 4000 metros sobre el nivel del mar, y para llegar a la ciudad sagrada eran 4 días.

Antes de iniciar el camino, el guía nos llevó a un costado para realizar antes una ceremonia de agradecimiento y permiso para subir, utilizando las hojas de coca. Cuando hicimos esto sentí que en el ambiente algo se alivió, como algo ligero que lo mejoraba.

El primer día, como todos decían, no fue difícil, camine bien, mantuve el ritmo y llegué bien al campamento. Esa noche durmiendo en mi carpa sucedió algo muy especial: casi dormida, llegó a mi una presencia familiar, que no eran mis padres, y me pidió que saliera, que dejara mi cuerpo para ir a pasear afuera. Me resistí, pero insistió, intenté salir, pero no lo logré; luego me concentré y salí fuera de la carpa donde la presencia me esperaba, esta vez la sentía, pero no sabia quien era, así que le pregunté, a lo que me contesto "soy tu pareja sideral, debes vivir varias experiencias de manera consciente conmigo, siempre las hacemos cuando duermes, pero hasta ahora no has sido consciente". Me entró temor y desconfianza, les pregunté a mis padres si debería hacer lo que este personaje me pedía, ellos respondieron que si podía hacerlo, que ya era hora de que realizara mis viajes de forma consciente. Me explicaron que todos tienen una pareja sideral, solo que pueden pasarse la vida completa sin enterarse de ello, y me dijeron que debía tomar en serio lo que mi pareja me propusiera. En ese momento sentí que mis padres me estaban dando permiso para realizar actos difíciles.

Esa noche accedí a salir de mi carpa, hice un gran esfuerzo, pues me fue difícil despegarme de mi misma y cuando salí veía todo borroso, incluso la presencia era una mancha oscura. Le pregunté que me sucedía, porqué no podía ver bien, a lo que me respondió que no estaba desprendida realmente porque no soltaba mi cuerpo, pero que si quería vivir el viaje tenia que dejarlo. Logré salir conscientemente y empecé a ver claro el bello ambiente a mi alrededor, las carpas rodeadas de vegetación y un cielo medio nublado con una hermosa luna que te miraba sonriente. Miré a la presencia nuevamente y vi no era una mancha, sino una sombra negra donde alrededor de ella se vislumbrada luz. "No te veo bien, ¿por qué?" le pregunté, me dijo "por ahora no puedes, yo soy luz y no solo no la vez, sino que tampoco ves mi color". Sentí vergüenza, de repente estaba dentro de la carpa otra vez, me concentré y volví a salir, le dije que sentía vergüenza porque afuera me sentía desnuda, totalmente sin ropa, el pequeño resplandor bajo la sombra vibro, como si sonriera, y me dijo "nosotros no usamos ropa, fuera de tu cuerpo tu solo eres luz, igual que yo, no hay nada en tu cuerpo que tengas que esconder ni de que avergonzarte". Sentí un alivio, y una sensación de paz muy agradable, me dijo que fuéramos, sentí que tomó algo de mi luz y sentí su luz, no podría decir que tomó mi mano, sino que me tomó toda cuando hizo contacto y me deje llevar porque empecé a sentir un amor diferente, muy especial, que sentía desde muy pequeña, pero que no podía manifestar con nadie, entonces me preguntaba ¿para qué lo tengo si no hay dónde darlo? fue hasta entonces que tuve una respuesta.

Antes de eso yo lo resolvía un poco con mi gato, amaba profundamente a mi gato, pero siempre supe que era un gato y que ese sentimiento tan especial no era para él, además sabía que él me abandonaría y así fue, cuando nos mudamos a Trujillo el huyó, no quiso venir conmigo. Mi búsqueda del amor no paró, pero las parejas con las que he estado en mi vida jamás me han inspirado a tan maravillosa sensación de amor. Este sentimiento es diferente, como si no perteneciera a la tierra porque no encontrara en ella el código para manifestarse adecuadamente, un amor de otro plano, de otro lenguaje, con otra vibración, color, velocidad y emoción, totalmente diferente. Es como el amor por la naturaleza, el amor por el mar, el amor por las plantas, el amor por la tierra, el amor por el firmamento y por las estrellas.

La sombra y yo nos elevamos, volamos, me sentí un ave. En la tierra siempre miraba volar a las aves y deseaba volar, y, en ese momento, lo estaba haciendo. Pasamos por varios parajes increíblemente bellos, mas bellos que como los había apreciado caminando en el día, nos acercamos al rió que bajaba con una fuerza que abrumaba, podía ver el agua que se desplazaba con suavidad. Nos hicimos uno solo y no hundimos dentro del agua, el placer de la frescura del agua y el calor de su energía se trasladaron a todo mi cuerpo dentro de la carpa, pues mi cuerpo físico también lo vivía conscientemente. Regresé llena de amor, felicidad y, sobretodo, mucho agradecimiento.

Todos tenemos a nuestra pareja sideral, nuestro par en el universo. Tenemos la misma vibración. Con esa entidad, quien es la que nos acompaña en nuestros viajes astrales y quien nos entrena a estar en ellos. Al morir nos fundimos con esta entidad y regresamos a nuestro lugar de origen. Yo realizaré mi último viaje con mis padres y mi pareja sideral, así está dicho.

Esta inspiración trata de manifestarte a tan increíble experiencia.

Mi viaje interior perdura,
el exterior se acaba, el tiempo se mide.

Dos mundos valiosos que recorrer,
sensaciones distintas,
belleza en extracto, en potencia.

El ojo se acomoda, el oído se multiplica,
el sentimiento se abre.

El mundo doble aparece abriendo surcos
en el espacio uno al lado del otro de abajo hacia arriba.
La velocidad es la vibración de ambos en su
Manifestación,
en una partícula de segundo, estamos en dos lugares

o más…

Una de mis hijas estaba embarazada y era primeriza, a los seis meses le dieron luz verde, peligro de nacimiento adelantado. El diagnostico era que a través de la ecografía la placenta mostraba señales de maduración y el bebé tenía un punto de anemia, para nosotros esto fue una gran preocupación. El médico descartó que ella pudiera tener anticuerpos, ya que ella tiene la sangre RH- y la del bebé probablemente era RH+. Lo único que quedaba era ver que pasaba con la placenta.

Con la autorización de mi hija, ingresé a ver qué pasaba y vi que todo estaba normal dentro de ella, así que pregunté y la increíble respuesta fue la siguiente: "ella no tiene placenta madura, ella tiene placenta definida, esto quiere decir que el bebé define la placenta, según su experiencia de vidas pasadas, y esto significa que él decide qué toma de ella, evitando las grasas, la contaminación, y otros elementos que pudieran afectarle en su desarrollo. La mayoría de los médicos piensan que ellos monitorean el nacimiento, pero son los bebés quienes lo hacen y deciden, si son bebés que tienen experiencias previas de nacimientos entonces lo saben hacer mejor y lo trabajan desde antes. Las máquinas de ahora botan mucha información que antes no se daba y lo médicos la evalúan por descarte o comparación, así que la interpretación no es exacta. Desde que la humanidad existe, los bebés realizan este acto de definir la placenta, unos lo hacen con mayor eficiencia, lo trabajan desde antes, pues su trabajo es mayor, más exigente y minucioso. En los últimos tiempos se ven con frecuencia estas características en los embarazos, pues al mundo están llegando sabios para salvarlo."

Después de esta información me quedé mas tranquila, observé que todo iba ir normal. Lo curioso de todo es que cuando cumplió los ocho meses siguió creciendo normal, tenía al médico sorprendido, pues a pesar de la placenta el bebé seguía creciendo, esta lo seguía alimentando.

Mi nieto nació por cesárea, quién diría que, pese a la información recibida por mis guías sanadores, sucediera justo lo que queríamos evitar, pero no era tan sencillo que la información que tenía fuera la que guiara el proceso del parto, pues el médico es quien decide, según sus intereses, cómo nace un bebé.

Casi todos hacen las veces de Dios, dejando de lado lo sagrado y natural, según sus necesidades económicas.

Ahora estoy más convencida que nunca de que la "placenta definida" existe como posibilidad.

Lo que te guía objetivamente son el ginecólogo y el resultado de la ecografía. La información no calzaba, pues la ecografía señalaba que era una placenta calcificada, envejecida, que no alimentaba al bebé, y que no le daba oxígeno, por lo que el camino era la inducción. Si ingresas por ese camino no hay regreso, las posibilidades de una cesárea son grandes, esto es claro, si induces un trabajo de parto, fuerzas a la naturaleza y eso no siempre da resultados naturales. Al bebé le faltaban diez días para nacer y solo tenía 2.7 kilos, si continuaba así corría peligro de decaer fuertemente en su desarrollo, por ende, también en su vida por la falta de oxígeno y alimento. Como verán, era difícil decir no a este camino.

Tomamos el camino de la inducción por la información de una ecografía que señalaba que en una semana él bebe solo había subido de peso 20 gramos, ese peso debería ser diario, o sea que por semana debía subir alrededor de 200 gramos. La sorpresa fue que durante la inducción nunca le faltó oxígeno y, más aún, cuando nació pesaba 3 kilos 400 gramos, era un bebe grande que estaba siendo alimentado eficientemente y al cual nunca le falto oxígeno. ¿Qué pasó?

Obviamente fue por la información errada de la ecografía y por un médico tratante poco analítico y minucioso para administrar la información y guiar a su paciente, o por intereses económicos, la cesárea cuesta más. Lamentablemente esto abunda y coincide con madres que no se sienten preparadas para sufrir, pero inevitablemente sucede.

Para mí, la lección es la conciencia de respetar la nueva vida y eso lo tiene que decidir la madre, no el médico. Busca al médico que te guíe hacia un parto natural, no busques lo más fácil para ti, respeta el proceso que él bebe requiere para nacer.

De los errores se aprende, siempre hay que estar alerta, sobre todo de lo externo, siempre pregunta, siempre revisa. Quiero decir que todo esto me lleva a fortalecer cada día más la guía interna, la intuición, las conexiones divinas, la información que me llega directamente para mejorar mis decisiones en cada paso de mi vida. Háganlo, fortalezcan su guía interior, que seguro son tus ángeles, y revisa siempre todo lo externo.

Ahora se produce mayor cantidad de cesáreas que, en los últimos tiempos, sabemos que la medicina que se ejerce en las clínicas particulares es desde hace mucho tiempo un negocio, y mientras más operaciones, mayor ingreso hay para todos. Les propongo investigar cuantos casos hay que requieran realmente la cesárea, o que señalen placenta madura y no le permiten al bebe realmente trabajar bien su última etapa. Cuidado jóvenes gestantes, no se dejen cortar así nada mas, asegúrense que realmente es por una razón de peso.

Revisen las estadísticas del porcentaje de cesáreas en clínicas particulares y los porcentajes de cesáreas en los hospitales, es bastante menor en hospitales porque las que no tienen dinero se convierten, automáticamente, en una mejor postulante al parto natural. Meditemos sobre ello.

En los mensajes sagrados hay mucho descubrimiento de la verdad, sentido de las cosas y la información de nuestro funcionamiento interior.

Cuando estaba ayudando a una persona cercana con diabetes vi que tenía el páncreas como muerto, tenía un color marrón oscuro y claramente no producía insulina. Vi la forma de una almendra, pero más grande, empecé a despertarla, y, poco a poco, su color fue cambiando de un marrón oscuro a un rosado claro a uno oscuro. Estaba tan concentrada que no me percaté de la forma real de un páncreas. Logré sentir sus latidos, no eran como el corazón, eran tres golpes iguales y uno más fuerte, el último latido impulsaba la insulina, parecía que resucitaba, era emocionante. Cuando tomé conciencia de la forma real del páncreas, me llegó la información de que me estaba conectando con el corazón del páncreas, me dijeron que todos los órganos tienen corazón, inteligencia y vida propia, son independientes que se comunican, según su función, con los demás órganos. Las células de cada órgano son diferentes y tienen información diferente. Es un engranaje eficiente, completo y maravilloso.

¿Qué pasa cuando un hijo o hija pequeña se enferma de lo mismo con frecuencia , no lo supera fácilmente, y cuando sana al poco tiempo vuelve a recaer? La explicación es que muy probablemente el niño o niña haya iniciado su nueva vida trayendo temas muy fuertes de su vida anterior y el cuerpo busca liberarse. La enfermedad que se repite es un llamado. Esto no solo involucra a los niños, también involucra a los padres, si los padres estuviesen en el punto, iniciaría un proceso de liberación que los liberaría a ellos también. Los caminos son muchos, infinitos y cada uno los puede encontrar, como cuidarlos con mucho amor, encontrar medicinas y alimentación adecuada y tener mucha paciencia y dedicación, solo así lograrán cambiar la información de su cuerpo y sanar el mal repetitivo, sino cargarán con el proceso de una vida de mucho sufrimiento y males crónicos, cualquiera que sea la edad, estamos a tiempo.

Sobre la energía, el mensaje es que todos las tenemos, pero que la vibración es diferente, porque somos personas con historias, experiencias y desarrollo distintos.

La vibración es la calidad de información que tiene tu energía, esa calidad tiene que ver con la intensidad y la velocidad de la vibración, además de la capacidad de viajar a través de ella, y eso parte de tu sensibilidad para interceptarlo. Todos tenemos sensibilidad, pero sin el desarrollo de la consciencia esta no se canaliza hacia tu propio conocimiento. Solo así sabrás quien eres, hacia donde se desarrolla tu ser, cuáles son tus habilidades, tus inclinaciones, que es lo que puedes hacer y creer en ti.

Sé un buscador de tu propio ser, experimenta lo que el cuerpo te dice, viaja con frecuencia dentro de ti, descúbrete.

Va mi inspiración.

Miro el reflejo, lleno de formas en el mar.
El sol me hace parpadear,
estoy en medio de los dos.
Camino atraída por el reflejo lleno de amor,
admirada por la fuente de luz que lo produce.
Me rindo ante tal fuerza.

Yo pequeña luz, solo una chispa en el universo,
pasmada, detenida ante la inmensidad.
¿Seré ilusión?, ¿seré el reflejo?, ¿existiré siquiera?

O ¿seré la causa?, el centro de todo, ¿Qué seré?
No mires el reflejo, mira la fuente.
Descubre tu sitio en el universo, solo así
serás, simplemente serás.

No me considero una persona superdotada, ni muy evolucionada, solo soy una persona que siguió sus sentimientos, abrió puertas y encontró su sitio. Tengo muchas cosas que resolver dentro de mí y estoy siempre trabajando en ello, es una tarea que nunca acaba, siempre estas descubriendo sentimientos que liberar.

No soy una iluminada, ni mucho menos superior a nadie, soy como todos los seres humanos que luchan por ser felices, peleando por su libertad y por la fe en todas las cosas, buscando el amor que se manifiesta en cada espacio de mi entorno.

Los sufrimientos han marcado mi vida, pero no la han destruido, encontré la fortaleza en ellos y me enseñaron a ser valiente. El miedo no es mi compañero, el temor a la muerte no existe dentro de mí, solo la sabia información de que todo se transforma y se vive de una forma diferente.

Somos un carrusel que da vueltas, vamos y venimos, algunos más jóvenes otros más viejos. Soy una vieja alma que desea regresar a su hogar, porque este es el más bello hogar de paso en el que viví para reconocerme y prepararme para regresar, de eso no me cabe la menor duda.

Trabaja tu proceso de reconocimiento, yo estoy en el camino de encontrar la paz, la muerte es una elección para mí, yo decido cuando, así como las vidas que viví. Me preparo para irme con mucha ilusión de regresar a casa.

Todo este misterio que la muerte ha significado, todo el temor a ello ha definido el destino de muchas personas y también del mundo, esto sería diferente si cada persona encontrara a sus entidades celestiales o ángeles y también su sitio en el universo. Y sobre todo, entender y aceptar que en nuestro interior, somos un engranaje perfecto, independiente y con un desarrollo de inteligencia emocional sorprenderte, que toma decisiones, interactúa y resuelve solo las enfermedades. Y de esta maravilla somos parte. Nos pertenece. Somos dueños.

La vida no nos mataría, eligiéramos cuando partir y, de una forma sagrada, nos prepararíamos para el viaje, involucrando en esa partida a nuestros seres queridos.

Hay que cambiar nuestras ideas, entender nuestra naturaleza e ir hasta donde la vida y el universo nos lleven. Ya no habría tanto apego por las cosas materiales, tanta obsesión por lo físico, sería un mundo de reconocimiento y de amor en todas las cosas.

Yo estoy en ese proceso y es mi deseo compartir lo que he vivido y estoy por vivir para lograr que muchos de ustedes encuentren su camino iniciando el increíble viaje hacia su interior.

Mi despedida guárdala en la memoria de tu corazón

Sanarte, es el inicio de un cambio no solo exterior y de tu entorno, sino interior; es el viaje donde no hay retorno, porque este se convierte en el pasado.

Sanarte es el camino de la liberación de todo lo que te impide viajar en tu propio recorrido. La vida es tu recorrido, como lo haces depende de la opción que tomes cuando caminas, esto dependerá de donde pones el pie y que huella quieres dejar.

Auto sanarte es tener consciencia pura de tu funcionamiento interior, es el dialogo permanente de los campos activos en tu cuerpo que hacen lo que tú decidas para activarse o desactivarse.

Sanarte, iniciar el viaje de tu transformación interior, de las profundidades de tu ser, de todos tus dolores y la consciencia de saber que están allí y que te pertenecen, acompañarlos, reconocerlos, amarlos y dejarlos ir. Es doblarte en dos y ser capaz de soltar todo, pero recoger todo a la vez. No es negarte, es llevarte contigo lo valioso del recorrido y saber que aquello que te quedas es lo que te ganaste y te pertenece.

Auto sanarte por este camino del amor es la vía que abres para la difícil tarea de amarte, sentir tu funcionamiento, aprender a dialogar con tu movimiento interior, navegar por tus venas, escuchar la vibración de tu tic-tac interior, sentir la compañía de tus órganos vitales y, sobre todo, reconocer en tus células su valiosa protección.

Sanarte es mirar el horizonte con amplitud y contemplación, es la conexión suprema de la existencia de todo el universo y de ti mismo, es la aceptación del ser y de cómo es, es la verdad pura en sentimiento, en movimiento, en luz, claridad, entrega y amor. Es estar en los caminos de tu corazón.

Auto sanarte es la atención sagrada de los mensajes de tu cuerpo, es saber y conocer las conexiones que recibes de la naturaleza que van y vienen, saber beber de las fuerzas del universo por la sabia necesidad que tu interior te pide, y saber volar con ellas en el espacio de tu alma.

Sanarte es encontrar tu propio espacio en la tierra y en el universo, es pisar tierra permanentemente, donde el engaño no está porque la verdad es tuya, es la maravilla de aceptar tu sufrimiento y saber que en ellos podrás fortalecerte y acercarte a la felicidad, es agradecer tu capacidad de libertad para encontrarte y sentir tu autonomía para abrirte paso a donde quieras, es mirarte y encontrarte en muchos seres humanos que están cerca de ti, es gozar de tu fortaleza y manifestarla con amor.

Auto sanarte es la consciencia interior de conectarte con todos tus espacios y aceptarlos como únicos, es sentir lo grande e infinito y lo pequeño e imperceptible que está dentro de ti, es llegar a la contemplación y al silencio dentro ti y de todo lo que te rodea, es aceptar que tu energía viaja y puede darte mucha luz a ti y al universo, es el inicio de la comprensión, de lo que significa la vida eterna.